상식발전소 ⑦
찌릿찌릿 식물

2013년 8월 20일 초판 1쇄 펴냄

펴낸곳 | ㈜ 꿈소담이
펴낸이 | 김숙희
글 | 신승희
그림 | 주형근

주소 | 136-023 서울특별시 성북구 성북동 1가 115-24 4층
전화 | 747-8970 / 742-8902(편집) / 741-8971(영업)
팩스 | 762-8567
등록번호 | 제6-473(2002. 9. 3)

홈페이지 | www.dreamsodam.co.kr
북카페 | cafe.naver.com/sodambooks

ⓒ 우리누리, 2013
ISBN 978-89-5689-892-6 74000
       978-89-5689-696-0 74000 (세트)

● 책 가격은 뒤표지에 있습니다.
● 꿈소담이의 좋은 책들은 어린이와 세상을 잇는 든든한 다리입니다.

신승희 글 주형근 그림

소담 주니어

머리말

혹시 여러분은 나무를 심어야 하는 이유를 알고 있나요?

나무가 숲을 이루면 햇빛, 온도, 습도, 바람, 비 등이 알맞게 조절된다고 해요. 또한 시끄러운 소리들을 막아 주고 오염된 공기를 맑게 해 주어 환경을 쾌적하게 만들어 주는 역할을 해요. 아주 더운 한여름에도 숲에 들어가면 시원함을 느끼는 이유가 바로 그런 이유예요.

식물은 동물을 비롯해 사람에게도 그리고 나아가 지구에도 없어서는 안 될 귀중한 존재랍니다.

만약 지구에 식물이 없다면 지구 표면의 평균 온도는 섭씨 15도가 아니라 영하 50도의 강추위가 될 것이라고 전문가들은 말해요. 영하 50도! 생각만 해도 온몸이 얼어버릴 것 같지 않아요?

또한 식물이 없다면 식물을 먹고 사는 초식동물이 살 수 없을 것이고, 초식동물을 먹고 사는 육식동물들도 살 수 없을 거예요.

식물이 이산화탄소를 마시고 산소를 내뿜는다는 건 여러분도 잘 알고 있지요? 그런데 식물이 없다면, 공기 중에 이산화탄소 양이 늘어나고 산소의 양이 줄어들어 지구에는 어떤 생물도 살 수 없게 될 거예요. 물론 사람도 살 수 없겠지요.

그러니 우리가 무심히 보고 지나쳤던 식물들이 얼마나 소중하고 고마운 존재인지 알겠지요?

소중하고 고마운 식물들 중에는 여러분들이 알면 깜짝 놀랄 만한 식물도 있어요. 나미브사막에 사는 희귀한 겉씨식물인 '웰빗치아'는 이슬만 먹고 2000년을 살 수 있다고 해요. 기생식물인 '라플레시아'는 세계에서 가장 냄새가 심하게 나는 꽃 중 하나예요. 꽃이면서도 몸무게가 10kg이 넘고 크기도 1m가 넘는대요.
'푸야 라이몬디'라는 식물은 150년 만에 한 번 꽃을 피우고 죽는 희귀한 식물이며, 영하 18도의 강추위도 잘 견디며 사는 촐라 선인장도 있어요.
세상에 없어서는 안 될 소중한 존재이면서도 알면 알수록 깜짝 놀랄 만한 식물의 세계!
상식발전소의 식물 편은 다양한 식물 이야기와 식물에 대한 상식을 다양하고 재미있는 구성으로 담았어요.
여러분들이 식물을 배우고 알아가는 데 조금이나마 도움이 되었으면 하는 바람이에요.

신승희

차례

1. 식물이란 무엇일까? — 18
2. 식물은 몸의 일부를 움직일 수 있을까? — 20
3. 해바라기는 해를 따라 돌까? — 22
4. 꽃식물과 민꽃식물은 다른 걸까? — 24
5. 씨가 겉에 맺히는 식물이 있다고? — 26
6. 쌍떡잎, 외떡잎, 떡잎도 쌍둥이가 있네? — 28
7. 공룡이 먹었던 식물이 아직도 있다고? — 30
8. 버섯은 식물이 아니다? — 32
9. 식물의 한살이? — 34
10. 강낭콩을 심어요! — 36
11. 씨앗은 무엇으로 이루어져 있을까? — 38
12. 씨앗이 싹트려면 무엇이 필요할까? — 40
13. 가는 뿌리가 어떻게 땅을 뚫고 들어갈까? — 42
14. 뿌리는 어떻게 물을 먹을까? — 44
15. 뿌리도 여러 가지 모양이 있을까? — 46
16. 줄기가 하는 일은 무엇일까? — 48
17. 형성층이 있어야 줄기가 굵어진다고? — 50
18. 관다발? 꽃다발? — 52
19. 헛물관? 물관? — 54
20. 나이테는 왜 생기는 걸까? — 56
21. 줄기가 땅속에 있다고? — 58
22. 감자와 고구마는 열매일까, 뿌리일까? — 60
23. 갓춘잎? 안갓춘잎? — 62
24. 잎이 하는 일은 무엇일까? — 64

25. 식물의 잎이 나는 데도 규칙이 있다고? 66
26. 사막의 꽃, 선인장 68
27. 갖춘꽃? 안갖춘꽃? 70
28. 꽃잎이 한 장? 꽃잎이 여러 장? 72
29. 꽃의 색이 다른 이유는 뭘까? 74
30. 자가수분, 타가수분 76
31. 벌과 나비가 사랑의 전달자라고? 78
32. 나무에도 암수 구분이 있다? 80
33. 열매는 어떻게 해서 열리는 걸까? 82
34. 다리도 없는 식물이 어떻게 멀리 갔을까? 84
35. 민들레 홀씨는 왜 바람에 날아갈까? 86
36. 식물의 광합성이 산소를 만든다고? 88
37. 식물도 밤에 잠을 잘까? 90
38. 선인장도 광합성을 할까? 92
39. 토마토와 감자가 한 식물에서 열렸다고? 94
40. 잎이나 줄기를 잘라 흙에 꽂아도 살까? 96
41. 식물들도 서로 싸운다고? 98
42. 동물을 도와주며 사는 식물이 있다? 100
43. 겨우 살아서 겨우살이? 102
44. 식물은 어떻게 봄마다 싹을 틔울까? 104
45. 물에 떠서 사는 식물이 있다고? 106
46. 연근에는 왜 구멍이 송송 나 있을까? 108
47. 가을이 되면 왜 나뭇잎은 울긋불긋해지는 걸까? 110
48. 나무는 왜 겨울이 되면 잎을 떨어뜨릴까? 112

49. 나무에 눈이 있다고?	114
50. 소나무야, 넌 어떻게 항상 푸르니?	116
51. 식물도 동물처럼 겨울잠을 잘까?	118
52. 봄꽃, 가을꽃, 꽃은 왜 피는 시기가 다를까?	120
53. 쌩쌩 추워야만 살 수 있는 나무가 있다고?	122
54. 대나무가 나무가 아니라고?	124
55. 식충식물은 어떻게 벌레를 잡을까?	126
56. 곤충을 죽이고 피는 버섯이 있다고?	128
57. 공기를 정화시켜 주는 식물이 있을까?	130
58. 식물도 스트레스를 받는다고?	132
59. 갈대와 억새는 무엇이 다를까?	134
60. 음악을 들으면 춤추는 나무가 있다고?	136
61. 나무로 종이를 만든다고?	138
62. 밤에만 피는 꽃이 있다고?	140
63. 나무는 얼마나 살 수 있을까?	142
64. 나무의 가지치기는 왜 할까?	144
65. 나무가 새끼를 낳는다고?	146
66. 지구 최초의 나무는 무엇일까?	148
67. 세상에서 제일 큰 나무는 무엇일까?	150
68. 세계에서 가장 큰 숲은?	152
69. 나무를 많이 심어야 하는 이유는 뭘까?	154
70. 식물이 없다면 인간이 살 수 있을까?	156

등장인물

고모

우람이와 자람이의 고모. 식물연구소 연구원으로 연구소에 놀러온 조카 자람이와 우람이에게 식물에 대해 알려준다. 기본적으로 식물에 대한 사랑이 깊다.

자람

우람이의 쌍둥이 누나로 마른 편이다. 똑똑하고 야무지며 동생 우람이에게 무엇이든 지기 싫어한다. 하지만 동생을 아끼고 사랑하는 마음도 강하다.
우람이와 함께 식물연구소에 가서 식물에 대해 배우고 느낀다.

우람

자람이의 쌍둥이 남동생으로 통통한 편이다.
자람이와 쌍둥이지만 서로 얼굴이 다른 이란성 쌍둥이다.
개구쟁이지만 마음이 착하다. 쌍둥이 누나 자람이와 식물연구소에 초대받아 식물에 대해 많은 것을 배우게 된다.

프롤로그

01 식물이란 무엇일까?

식물은 스스로 영양분을 만든다

이 세상에 살아 숨 쉬는 모든 것을 생물(生物)이라고 해요. 생물은 크게 동물과 식물로 나눌 수 있어요.

동물은 스스로 영양분을 만들어 내지 못하기 때문에 다른 생물들을 먹이로 먹어야 살 수 있어요. 그리고 옮겨 다닐 수 있어요.

식물의 가장 큰 특징은 스스로 영양분을 만들 수 있다는 거예요. 물과 햇빛, 공기를 이용해 녹말과 산소를 만들어내 영양분을 만들어 살지요. 하지만 땅속에 뿌리를 내려 살기 때문에 동물과 다르게 스스로 움직일 수 없어요. 동물이 알이나 새끼를 낳아 번식을 한다면 식물은 씨앗을 만들어 번식을 해요.

이처럼 동물과 식물은 같은 생물이면서도 서로 다른 특징을 가지고 있어요.

그럼 식물에 대해 좀 더 알아볼까요?

식물은 뿌리, 줄기, 잎으로 나눌 수 있으며 꽃이 피고 열매를 맺어요. 식물의 뿌리는 땅속에서 물과 영양분을 얻으며, 식물의 몸을 받치고 있어요. 줄기는 물과 영양분이 지나가는 길이며, 잎은 햇빛과 공기, 물로 영양분을 만들어 내는 일을 해요.

한자리에 가만히 있는 것처럼 보이는 식물이 사람처럼 영양분을 먹고, 숨 쉬고, 자라면서 몸이 커지고, 씨를 만들어 널리 퍼트린다고 하니 참 신기하지요?

02 식물은 몸의 일부를 움직일 수 있을까?

식물의 반응

🎤 식물은 절대 혼자서 움직일 수 없다고 알려져 있는데요, 식물이 움직일 수 있다는 제보가 들어와 화제가 되고 있습니다. 우리가 흔히 볼 수 있는 식물인 민들레에게 물어보도록 하겠습니다.

안녕하세요, 민들레님? 식물은 스스로 움직이지 못하는 걸로 아는데요, 이와 달리 혼자서도 움직일 수 있다는 게 사실입니까?

🌼 뿌리째 움직이지는 못하지만, 빛이나 온도 등에 따라 몸의 일부를 움직일 수는 있어요.

🎤 정말요? 어떻게 움직이나요?

🌼 식물은 빠르게 움직이거나 몸 전체를 다른 곳으로 옮길 수는 없어요. 그러나 빛, 온도 등의 변화에 의해 생장 방식이 달라지거나, 몸의 일부를 움직일 수는 있어요.

이처럼 식물이 외부로부터 자극을 받아서 나타내는 운동을 **식물의 반응**이라고 해요. 식물의 운동에는 자라기 위한 생장 운동, 생식을 위한 운동, 위험으로부터 피하기 위한 운동 등이 있답니다.

🎤 그럼 민들레님, 어떻게 움직이는지 한번 보여 줄 수 있나요?

🌼 오호호호, 제가 움직이는 것을 보려면 햇빛이 없는 밤이 되어야 하는데요?

🎤 아니, 왜 밤에만 움직이나요?

🌼 저 같은 민들레는 햇빛이 있는 낮에 꽃을 피우고 밤에는 닫거든요. 이런 것을 **생장 운동**이라고 해요. 생장 운동은 식물이 생장할 때 각 부분에서 생장 속도의 차이 때문에 나타나는 운동이에요. 낮에 빛을 받으면 꽃잎의 안쪽이 바깥쪽보다 생장이 빨라 꽃이 열리게 되고, 밤에는 안쪽보다 바깥쪽이 생장이 빨라 꽃이 닫히게 되거든요.

🎤 아하! 그렇군요! 식물은 한 자리에 뿌리를 내리고 있어서 움직이지는 못하지만 생장 운동을 통해 조금씩 움직이고 있다는 것을 알았습니다. 고맙습니다, 민들레님.

낮   밤

03 해바라기는 해를 따라 돌까?

식물의 생장 운동

🧒 학교 운동장에서 축구를 했어요. 화단에 심어져 있던 해바라기를 보니 낮에는 동쪽을 향해 있었는데 저녁 무렵에는 서쪽을 향해 있었어요. 해바라기는 해를 따라 돈다고 하는데 그게 사실인가요?

👩‍🔬 개구쟁이 우람이가 해바라기도 관찰을 하고, 이제 보니 식물에 관심이 많았구나?

해바라기는 해님의 모습과 닮았다는 이유로 '해님의 꽃'이라고 불리고 있어. 해를 바라보는 꽃이라고 생각해서 붙여진 이름이지.

많은 사람들은 해바라기가 해를 바라보며 피어 있는 것으로 알고 있지만 실제로는 그렇지 않아. 단지 해바라기의 줄기 끝이 태양을 따라 움직이는 거지.

이처럼 외부로부터 빛·온도·수분 등의 자극을 받아 식물이 나타내는 반응을 **생장 운동**이라고 하는 건 알지? 식물의 생장 운동에는 식물이 자라는 운동으로 빛에 움직이는 **굴광성**을 비롯해 **굴지성**, **굴수성**, **굴촉성** 등이 있어.

▶ 굴광성: 식물의 잎이나 줄기가 태양이나 빛 쪽을 향해 굽어지는 성질.
▶ 굴지성: 식물이 중력에 작용하는 성질로, 중력에 따라 아래로 자라는 뿌리는 양성 굴지성, 반대로 위로 자라는 줄기는 음성 굴지성이 있다.
▶ 굴수성: 대부분의 식물의 뿌리가 물이 있는 쪽을 향해서 자라는 성질.
▶ 굴촉성: 오이나 포도 등의 덩굴손처럼, 덩굴이 물체에 닿으면 그 물체를 감으면서 자라는 성질.

이런 성질들로 인해 식물이 움직이는 것처럼 보이기도 하지만, 이것은 움직인다기보다 성장, 즉 자란다는 게 맞지 않을까 싶어.

04 꽃식물과 민꽃식물은 다른 걸까?

꽃식물, 민꽃식물

🔍 관찰일지 ✏️

식물의 분류	식물은 꽃이 피는 꽃식물과 꽃이 피지 않는 민꽃식물로 나눌 수 있다. 이것은 단순히 꽃이 피는 것과, 피지 않는 것의 특징으로 나누어 놓은 것이다.
꽃식물	꽃이 있고 열매를 맺으며, 씨로 번식하는 종자식물이다. 대표적인 꽃식물로는 소나무, 벼, 보리, 진달래, 봉숭아, 개나리, 장미, 목련 등이 있다.
민꽃식물	은화식물이라고도 부르며, 관다발이 없고 꽃이 피지 않는다. 포자, 즉 홀씨로 번식하는 하등식물이다. 대표적인 민꽃식물로는 우산이끼, 김, 파래, 미역, 고사리, 곰팡이 등이 있다.

이끼랑 곰팡이도 식물이라니! 지구를 보호하려면 식물을 많이 심어야 한다고 하던데, 히힛. 그럼 앞으로 이끼나 곰팡이를 많이 심어 볼까?

05 씨가 겉에 맺히는 식물이 있다고?

겉씨식물, 속씨식물

꽃이 피는 꽃식물은 다시 겉씨식물과 속씨식물로 나눌 수 있어요.

속씨식물은 씨가 씨방 안에 들어 있기 때문에 씨앗이 겉으로 보이지 않아요. 꽃은 대부분 암술과 수술이 함께 있어요. 오늘날 지구상에서 가장 번성하고 있는 고등식물로서, 꽃잎, 꽃받침, 씨방이 발달했죠. 무궁화, 복숭아나무, 옥수수, 백합 등이 속씨식물이에요.

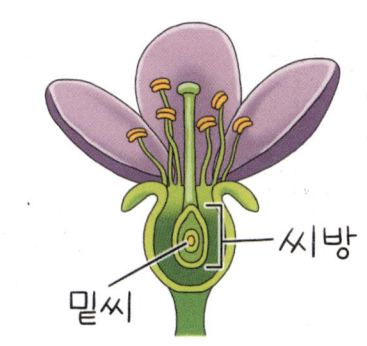

겉씨식물은 씨방이 없어서 씨앗이 겉으로 드러나 있어요. 떡잎의 수가 많으며 여러 해를 사는 식물이에요. 암꽃과 수꽃이 따로 피며, 꽃잎과 꽃받침이 없고, 주로 바람에 의해 수정이 이루어져요. 잎은 커다란 겹잎에서부터 작은 바늘 모양잎, 비늘조각잎 등 여러 가지죠. 주로 나무 종류들이 많은데 은행나무, 소나무, 잣나무 등이 겉씨식물이에요.

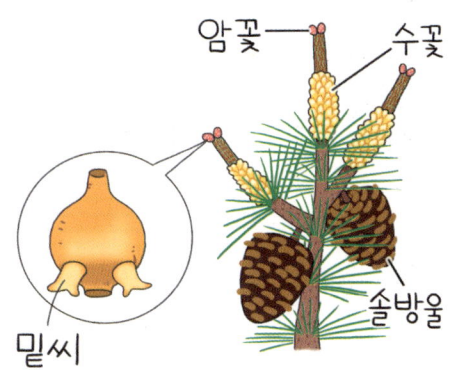

06 쌍떡잎, 외떡잎, 떡잎도 쌍둥이가 있네?

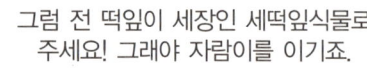

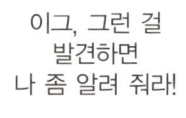

쌍떡잎식물, 외떡잎식물

| 월 | 일 | 요일 | ☀ | ⛅ | ☁ | ☂ | 🌧 |

고모가 맛있어 보이는 사과를 사 왔다. 자람이와 내가 사과를 맛있게 먹자 식물 박사인 고모가 퀴즈를 하나 냈다.

"사과나무는 쌍떡잎식물일까? 외떡잎식물일까?"

그런 걸 꼭 알아야 하냐며 따졌다가 고모에게 콩 하고 알밤을 한 대 맞았다. 그러면서 고모는 지금까지 배웠던 내용들을 아주 쉽게 정리해 주었다.

우선, 식물은 꽃이 피는 꽃식물과 꽃이 피지 않는 민꽃식물로 나눌 수 있고, 꽃식물은 다시 씨가 속에 있는 속씨식물과 씨가 밖에 있는 겉씨식물로 나눌 수 있다. 속씨식물은 꽃이 대부분이고, 겉씨식물에는 나무가 주로 많았다.

여기서 다시!

속씨식물은 쌍떡잎식물과 외떡잎식물로 나누어진다. 쌍떡잎식물은 떡잎이 두 장인 식물로 줄기가 큰 편이다. 국화, 도라지, 나팔꽃, 사과나무, 수박, 강낭콩, 호박 등이 쌍떡잎식물이다. 외떡잎식물은 떡잎이 한 장인 식물로 잎이 어긋나게 나며 가늘다. 백합, 난초, 벼, 보리, 옥수수, 토란 등이 있다.

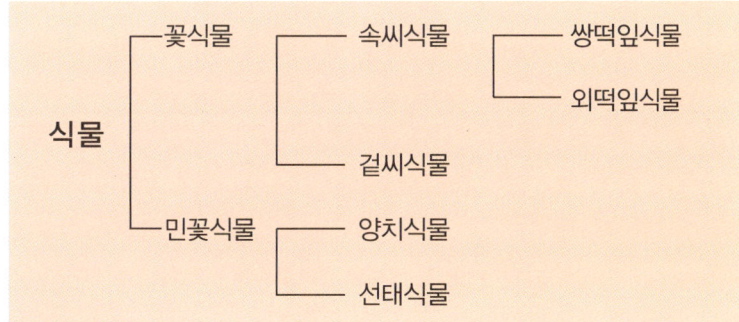

아이고, 세상에! 고모가 식물 박사이다 보니, 사과 먹다가 식물에 대해 이것저것 배우는 사람은 우리밖에 없을 것이다!

이왕 배운 것, 내일 학교에 사과를 들고 가서 반 아이들 앞에서 잘난 척 좀 해야겠다. 아마, 우리 반 그 누구도 사과나무가 쌍떡잎식물이라는 것을 아는 사람은 없을걸?

07 공룡이 먹었던 식물이 아직도 있다고?

고사리에 대한 궁금증 세 가지

 고사리는 언제부터 있던 식물인가요?

고사리를 양치(羊齒)식물이라고도 하는데, 잎 가장자리가 '양의 이빨'처럼 생겼다고 해서 붙여진 이름이에요. 양치식물은 씨앗이 없고, 꽃이 피지 않으며 작은 홀씨인 포자로 번식해요. 약 2억 4,700만 년 전부터 약 6,500만 년 전인 중생대에 나타났다고 추측하고 있어요.

〈고사리 화석〉

우리나라 경북 칠곡에서도 약 1억 3,000만 년 전에 번성했던 고사리와 비슷한 나무고사리의 화석이 발견되었어요. 그 옛날에는 지금의 고사리와는 조금 다른 모습으로 나무처럼 큰 고사리였어요. 뉴질랜드에서는 아직도 그때의 모습과 비슷한 나무고사리가 자라고 있어요.

 정말 공룡이 고사리를 먹었나요?

지구 상에 풀이 무성하게 자라기 전, 땅은 주로 고사리와 이끼류가 뒤덮고 있었어요. 따라서 고사리와 같은 양치식물이 초식 공룡의 먹이였지요.

양치식물은 잎 뒷면에서 만들어진 포자가 바람을 타고 멀리 날아갈 수 있기 때문에 전 세계 각지에 퍼져 번식했어요. 오랜 세월 동안 고사리가 생명력을 유지할 수 있었던 이유는 뿌리가 땅속 깊이 박혀 있었기 때문이에요. 식물체의 크기에 비해 뿌리가 아주 깊숙하게 박혀 있어 잘 죽지도 않을 뿐더러 생명력도 매우 질긴 편이랍니다.

 고사리처럼 포자로 번식하는 이끼도 양치식물인가요?

작고 부드러운 식물인 이끼도 포자로 번식하기는 하지만 이끼는 선태식물이에요. 선태식물은 최초로 땅에 적응한 식물군으로 흔히 이끼식물이라고도 불러요.

지구 상에는 약 12,000여 종의 선태식물이 살고 있다고 해요. 포자로 번식하는 식물 중에는 조류도 있어요. 조류식물은 뿌리·줄기·잎 등이 구별되지 않으며 물속에서 살아요. 김, 다시마, 미역 같은 것들이 조류에 속해요.

08 버섯은 식물이 아니다?

미생물과 친구, 버섯

 눈에 보이지 않는 미생물과 버섯이 같은 균류라는 걸 알고 있나요?

이 지구 상에는 식물도 동물도 아닌 제3의 생명으로 균류가 있어요. 균류는 식물과 달리 스스로 광합성을 할 수 없어서 양분을 만들어 내지 못하지요. 때문에 다른 살아 있는 식물이나 죽은 동·식물에 붙어서 양분을 얻으며 살아가요.

숲 속에서 자주 보는 버섯은 나무에 붙어 있거나 땅 위에 옹기종기 모여 있는 모습일 거예요. 이렇게 다른 꽃이나 풀들과 비슷하게 사는 모습을 보고 많은 사람들이 우람이처럼 버섯을 식물이라고 생각하지요.

여기서 깜짝 퀴즈~

나무에 붙어서 양분을 얻어 사는 버섯은 나무의 영양분을 빼앗아 먹는 나쁜 생물일까요? 아닐까요?

정답은 바로 바로, 아니다! 예요.

버섯과 같은 균류는 나무에게 수분이나 영양분을 주고, 반대로 나무로부터 자라는데 필요한 양분을 받아 서로 돕고 사는 절친한 사이예요. 또 버섯은 죽은 식물과 동물을 먹어서 자연을 깨끗하게 해 주는 좋은 일도 해요. 그래서 버섯을 숲 속의 청소부라고 부르기도 하지요.

버섯의 특징은 다음과 같아.

❶ 균사로 되어 있고 갓과 자루로 구분된다.
❷ 갓 아래의 주름 사이에 포자낭이 있어 이곳에서 포자가 만들어진다.
❸ 엽록체가 없어 광합성을 하지 못하므로 기생 생활을 한다.

09 식물의 한살이?

식물의 한살이

| 월 | 일 | 요일 | ☀ ⛅ ☁ ☂ 🌧 |

 고모가 나에게 식물의 한살이를 관찰할 수 있는 식물을 키워 보라고 했다.

처음에 식물의 한살이라고 했을 때 솔직히 식물 나이가 한 살이라는 줄 알았다.

그런데 그게 아니라 한살이는 식물이 씨앗에서 싹이 터서 자라고, 꽃을 피우며, 열매를 맺어 다시 새로운 씨앗을 만들어 대를 이어 가는 과정을 말하는 것이란다.

식물의 한살이를 관찰할 식물을 고르기 위해서는 몇 가지 조건이 있다.

❶ 한살이 기간이 짧아야 한다.
❷ 식물의 크기가 적당해야 한다.
❸ 잎, 줄기, 꽃, 열매를 구분하기 쉬워야 한다.
❹ 주변에서 쉽게 구할 수 있고, 관리하기에 편리해야 한다.

이런 걸 한눈에 볼 수 있는 식물이 뭐가 있을까?

내가 평소 좋아하던 소나무로 한살이 관찰을 하겠다고 하자 자람이가 마구 비웃었다. 소나무처럼 크기도 크고 한살이 기간이 긴 식물로 하면 씨앗만 관찰할 거냐고 그러면서 강낭콩 한 알을 주었다. 그러더니 강낭콩이 열리면 빌려 준 콩 한 알을 이자까지 쳐서 두 알로 돌려달라고 했다.

흥! 강낭콩만 열려 봐라! 자람이에게 돌려주기 전에 내가 후딱 다 먹어 버릴 테다!

10 강낭콩을 심어요!

강낭콩 키우기

강낭콩은 물에 불려 싹을 틔워 심는 방법과 흙에 바로 심는 방법이 있어요. 이 두 가지 방법의 차이점은, 물에 불리면 싹이 빨리 트고 열매를 바로 얻을 수 있지만, 흙에다 심는 것보다 튼튼하지 못하다는 단점이 있지요.

물에 불려 심는 방법

❶ 납작한 접시에 휴지를 3~4겹으로 깐 후, 물을 부어 휴지를 흠뻑 적신다. 강낭콩을 휴지 위에 눕혀 놓는다.

❷ 접시 위에 책을 한 권 올리고 따뜻한 곳에 둔다. 싹이 텄는지 매일 관찰한다. (약 3일이면 싹이 튼다.)

흙에 심는 방법

❶ 화분을 구해서 밭 흙을 담는다. (이때 화분의 1/4을 돌멩이로 채우고 나머지는 흙으로 채운다.)

❷ 화분 흙에 손가락 중지의 한 마디 정도(약 3cm)만큼 찔러 구멍을 내고 강낭콩을 심고 물을 흠뻑 준다.

싹이 튼 강낭콩은 두 쪽으로 갈라지며 그 사이에서 작은 싹이 나와요. 차차 떡잎과 뿌리가 생기고, 잎과 가지가 점점 많아지며, 꽃이 피기 시작하지요. 꽃이 시들면서 그 자리에 조그마한 방울 같은 열매가 달리는데 열매가 자라 연두색에서 갈색으로 변하고 갈라지기 시작하면 꼬투리를 따서 강낭콩을 수확할 수 있어요.

찌릿찌릿 식물 37

11. 씨앗은 무엇으로 이루어져 있을까?

씨앗 속에 든 잎과 뿌리

씨앗은 모든 식물의 작은 축소판으로 식물의 종류에 따라서 크기, 모양, 색, 구조 등에 차이가 있어요. 일반적으로 씨앗은 씨껍질, 배젖, 배와 같은 구조로 이루어져 있어요.

씨껍질은 밑씨를 싸고 있는 바깥 조직이 변해서 1장 또는 2장으로 이루어진 것으로 씨앗을 비, 바람, 충격 등으로부터 보호하는 역할을 해요.

배젖에는 배가 자라 싹이 트는 데 필요한 양분이 저장되어 있어요. 봄에 싹이 틀 때 식물은 이 양분을 이용해요. 만일 배젖에 저장된 양분이 없다면 식물은 제대로 싹도 틔워 보지 못하고 죽게 되지요. 그런데 배젖이 없는 씨앗도 있어요. 콩과 식물의 씨앗인데 싹을 틔우는 데 필요한 양분이 떡잎에 보관되어 있어요. 떡잎 속에 양분이 저장되어 있어서 떡잎이 두툼하지요.

배는 씨앗의 가장 핵심적인 곳으로 사람의 뇌와 심장에 해당하는 곳이랍니다. 이곳에 잎, 줄기, 뿌리 등의 기관으로 자랄 조직들이 모두 있어요.

씨앗이 싹트려면 무엇이 필요할까?

씨앗의 싹트기

식물의 씨앗은 대부분 봄에 싹이 나는데요, 봄이 아닐 때 싹을 틔우려면 어떻게 해야 하는지 씨앗에게 물어보도록 하겠습니다.

씨앗님, 어떻게 해야 싹이 나나요?

제가 싹을 틔우고 싶다고 해서 싹이 나고, 안 틔우고 싶다고 싹이 안 나는 게 아니에요. 식물들은 적당한 물, 온도, 공기만 있다면 언제든 싹을 틔울 수 있고, 물, 공기, 햇빛, 온도, 양분을 받고 자라지요.

물은 싹을 틔우기 위한 첫 번째 조건이에요. 싹을 잘 틔우게 하려면 씨앗이 촉촉하게 젖을 정도로 물을 주면 되거든요. 그렇다고 너무 많은 물과 영양을 주면 씨앗이 썩을 수도 있어요. 또 물을 주지 않거나 너무 깊이 심어 싹이 흙을 뚫고 나올 수 없을 경우, 씨앗이 싹트지 않을 수도 있어요.

온도는 대체로 20도가 넘어야 하고, 흙이나 물을 바탕으로 하여 공기가 있으면 특별한 일이 없는 한 자연적으로 싹이 터요.

씨앗님의 말을 정리해 보면, 씨앗의 싹을 틔우려면 적당한 온도와 물과 공기가 필요하다는 말씀이군요. 적당한 온도라는 게 애매해서 그런데, 온도를 꼭 맞춰 줘야 하나요?

어머머머, 그럼 저보고 얼어 죽든가, 말라 죽든가 하라는 건가요?

예에? 제가 언제 씨앗님한테 그런 말을….

온도를 꼭 맞춰야 하냐면서요? 당연한 거죠! 온도가 적당해야만 씨앗의 싹이 튼다고요. 너무 추우면 얼어 버리고, 너무 더우면 말라 버리잖아요.

아하, 그렇군요! 오늘 인터뷰 고맙습니다. 씨앗님, 싹 잘 틔우세요~

13 가는 뿌리가 어떻게 땅을 뚫고 들어갈까?

뿌리의 구조

우람아, 넘어져서 다쳤다던데 지금은 괜찮은 거지?

난 지금 전라도 지방에 와 있어. 어제는 유람선을 타고 홍도라는 섬에 가서 수많은 기암괴석들을 구경했어.

그런데 신기하게도 큰 바위 사이사이에 마치 다듬어 놓은 정원수처럼 소나무들이 잘 자라고 있지 뭐야. 힘든 환경을 이겨 내고 뿌리를 내리고, 싹이 나오고, 줄기를 내리고, 잎이 나오고…. '어떻게 이런 곳에서 자라고 있을까?' 하는 생각이 들었어.

나무는 아무리 살기 어려운 곳이라고 해도 살아남기 위해서 가늘고 연약한 뿌리로 바위도 뚫고 자란다고 선생님이 말했어.

여러 갈래의 뿌리털 끝에는 뿌리골무가 있어서 생장점을 보호하고 있대. 생장점은 식물의 줄기나 뿌리 끝에 있는데, 세포를 계속 만들어 줄기와 뿌리를 자라게 하기 때문에 아주 중요한 곳이래.

생장점을 보호하고 뿌리를 뻗기 위해 바위도 뚫는 뿌리골무가 정말 대단하지 않니?

우람이 너도 뿌리골무처럼 튼튼하고 강해졌으면 좋겠어. 조금만 다쳐도 징징대는 그런 아이 말고. 그럼 우람아, 집에서 만나자.

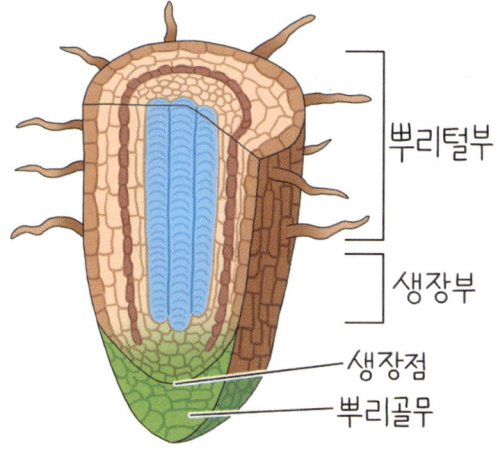

뿌리털: 뿌리의 표피세포가 변하여 바깥쪽으로 자라 나와서 된 털로 물과 양분을 흡수한다.

생장부: 생장점 바로 위에 있는 부분이며, 생장점에서 만들어진 세포가 생장하여 뿌리를 길게 자라게 한다.

생장점: 뿌리골무 안쪽에 있으며, 뿌리를 길게 자라게 한다.

뿌리골무: 뿌리의 끝에 있고 생장점을 싸서 보호한다.

뿌리의 기능

 땅속에는 나뭇가지만큼이나 굵고 튼튼한 뿌리가 깊이 뻗어 있어요.

첫째, **지지작용**을 해요. 땅속 깊이 뻗어 있어 식물체가 바람에 넘어지지 않도록 하지요.

둘째, **흡수작용**을 해요. 물과 무기양분을 빨아들여 식물이 시들지 않고 잘 자라도록 해요.

뿌리는 끝부분에 있는 가느다란 뿌리털로 물과 무기양분을 빨아들여요. 뿌리털은 뿌리의 표면적을 넓혀서 흡수력을 크게 증가시키지요. 표면적이 넓으면 그만큼 물과 여러 물질들을 많이 흡수할 수 있어요.

물을 흡수하는 데에는 삼투압 현상(농도가 다른 두 용액 중 농도가 낮은 용액이 높은 용액 쪽으로 이동하는 것)을 이용해요. 대체로 땅속의 물은 농도가 낮고 뿌리털의 세포는 농도가 높기 때문에 농도가 낮은 물이 농도가 높은 뿌리의 세포 속으로 들어가게 되는 거예요. 일단 안으로 들어온 물과 양분은 물관과 체관이란 작은 관을 타고 잎이 있는 꼭대기까지 올라가 영양분을 골고루 옮겨 준답니다.

셋째, **저장작용**을 해요. 잎에서 광합성을 통해 만들어진 유기양분이 체관을 통해 뿌리에 저장돼 뿌리가 열매처럼 자라기도 해요. 고구마, 무, 당근 같은 채소는 뿌리가 양분을 저장해 자란 것이에요.

넷째, **호흡작용**을 해요. 산소를 들이마시고, 이산화탄소를 내뿜지요.

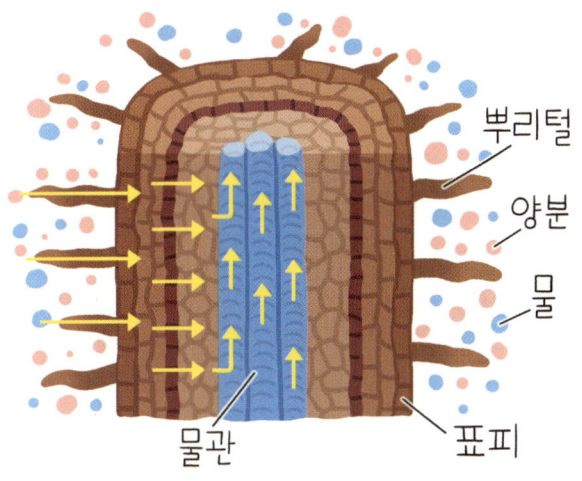

찌릿찌릿 식물 45

15 뿌리도 여러 가지 모양이 있을까?

곧은뿌리, 수염뿌리

식물의 뿌리는 제멋대로 생긴 것처럼 보이지만 크게 두 종류로 나눌 수 있어요. 바로 **곧은뿌리**와 **수염뿌리**예요.

곧은뿌리는 주로 쌍떡잎식물에서 볼 수 있어요.

곧고 굵은 원뿌리와 원뿌리에 붙어 있는 작고 가느다란 곁뿌리로 되어 있지요.

씨앗의 배(胚)에서 직접 뻗어 나온 어린뿌리가 자라면 원뿌리가 돼요. 쌍떡잎식물이나 겉씨식물에서는 이렇게 발달한 원뿌리가 곁뿌리와 뚜렷하게 구분되지요. 원뿌리는 곁뿌리에서 흡수한 양분을 줄기로 이동시키며, 식물체를 지지하는 중심적인 역할을 해요.

상수리나무, 소나무, 잣나무, 느티나무 등 주로 교목성 나무들이 곧은뿌리예요.

수염뿌리는 주로 외떡잎식물에서 볼 수 있어요.

어떤 기준이 되는 뿌리가 없이 가느다란 뿌리들이 수염처럼 퍼져 있는 것을 말해요.

수염뿌리는 원뿌리와 곁뿌리의 구분이 없어요.

가늘고 많은 수염뿌리는 줄기나 뿌리 위쪽에서 식물체를 지지하는 역할을 해요.

여러 가지 채소들이 수염뿌리인데 벼, 옥수수, 강아지풀, 양파, 파, 마늘 등이 있어요.

16 줄기가 하는 일은 무엇일까?

줄기에 대한 궁금증 세 가지

줄기는 어떻게 생겼나요?

줄기의 가장 바깥쪽인 겉부분을 싸서 보호하는 표피와, 표피의 안쪽에 자리하고 있으면서 여러 겹의 세포층으로 이루어져 있는 피층, 그리고 물관과 체관, 형성층이 있어요.

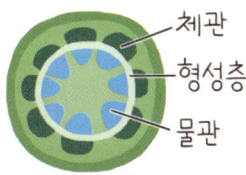 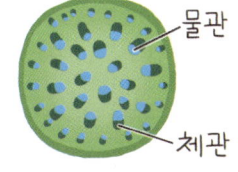

쌍떡잎식물 / 외떡잎식물

줄기는 어떤 일을 하나요?

영양분과 물을 식물 전체로 이동시키는 **운반작용**을 하며, 식물체를 지탱하고, 잎·꽃·열매 등이 떨어지지 않도록 **지지작용**도 해요. 줄기에 피목이 있어 공기가 드나들 수 있게 해 주는 **호흡작용**도 한답니다. 또한 줄기는 감자, 연, 양파 등과 같이 줄기가 변형되어 영양분을 저장하는 **저장작용**도 한답니다.

식물의 줄기도 여러 종류가 있다고 하던데요?

수박, 딸기처럼 땅 위를 기면서 자라는 줄기가 있는가 하면, 나팔꽃처럼 다른 식물이나 지지대를 감고 올라가는 줄기도 있어요. 담쟁이덩굴은 벽이나 다른 식물을 기어오르는 줄기예요. 대나무처럼 땅속으로 뻗는 줄기도 있고, 소나무나 해바라기처럼 곧게 뻗어 자라는 줄기도 있어요.

땅 위로 기는 줄기-딸기 / 잎처럼 보이는 줄기-선인장

덩굴손으로 변한 줄기-포도 / 땅 속으로 뻗는 줄기-대나무

17 형성층이 있어야 줄기가 굵어진다고?

 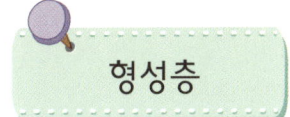 

줄기의 형성층은 물관부와 체관부 사이에 한 층의 살아 있는 세포층으로 이루어져 있어요. 이 살아 있는 세포층이 늘어나면서 뿌리와 줄기의 생장이 이루어지는데, 부피가 늘어나는 부피 생장이 일어나는 곳으로 부름켜라고도 하지요. 형성층은 쌍떡잎식물에만 있어요.

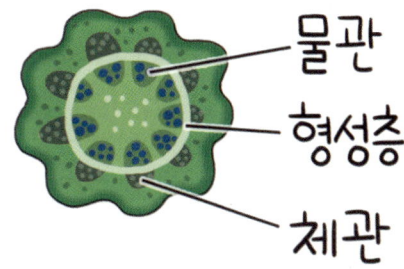

그럼 나무와 풀 중 줄기가 굵은 쪽은 나무일까요? 풀일까요?

맞아요, 나무의 줄기가 굵어요. 너무 쉬운 걸 물어봤나요?

굵은 나무 종류의 목본류들은 쌍떡잎식물에 속해요.

이 목본류들은 형성층이 있어서 세포가 활발하게 움직이지요. 세포분열, 즉 세포 수가 자꾸 늘어나면서 줄기가 점점 굵어지고 커지는 거예요.

풀 종류인 초본류는 외떡잎식물에 속해요. 형성층이 없으니까 세포 수가 늘어날 일도 없겠지요? 그렇기 때문에 줄기가 가늘고 잘 휘어지는 성질을 가지고 있어요. 대부분의 풀들은 형성층이 없기 때문에 바람에도 잘 나부끼고 가늘며 연약한 편이에요.

나무는 원래 줄기가 굵고 튼튼한 것인 줄 알았는데 이제 보니 형성층이 있어서 그런 거였구나!

18 관다발? 꽃다발?

관다발의 역할

식물의 뿌리와 줄기에는 많은 관이 모여 있어요. 이를 **관다발**이라고 해요.

관다발은 물관과 체관으로 이루어져 있어요. 관다발은 원기둥으로 된 세포가 세로로 연결되어 있는 관이에요. 양치식물과 종자식물에 있는 조직의 하나로 뿌리, 줄기, 잎 속에 있으며 영양분이 다니는 체관과 물이 다니는 물관으로 이루어져 있어요.

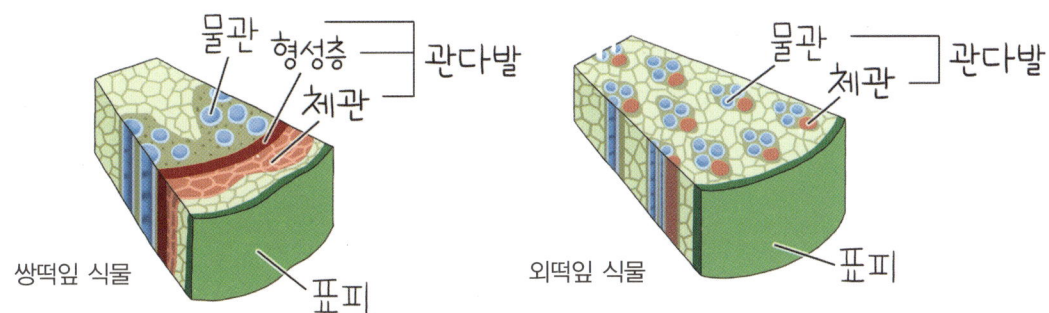

체관은 위아래 세포와 세포 사이의 벽에 작은 구멍이 나 있는 체 모양의 관이에요. 잎에서 만들어진 탄수화물이나 그 밖의 양분이 이 작은 구멍을 통해 옮겨져요. 식물이 쉬는 휴식기인 가을과 겨울에는 구멍이 막혀 양분이 옮겨지지 않다가 봄이 되면 다시 구멍이 뚫리면서 양분을 옮긴답니다.

물관은 뿌리에서 흡수한 물과 무기양분이 다니는 길이에요. 죽은 세포로 이루어진 물관은 세포와 세포 사이에 벽 없이 뚫린 긴 관 모양으로 생겼어요. 대부분의 꽃이 피는 식물에는 물관이 있어요.

덴마크 과학자들은 그 옛날 지구는 관다발 식물이 많이 늘어나면서 광합성으로 인해 엄청난 양의 산소를 내뿜었을 것으로 추측해요. 지구에 가득했던 많은 양의 산소는 산소가 필요했던 여러 생물들이 다양하게 진화하는 데 많은 도움을 주었으며 그 옛날 지구의 수많은 생물들이 갑자기 진화하게 된 원인 중의 하나일 것으로 생각하고 있어요.

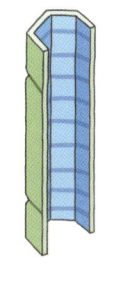
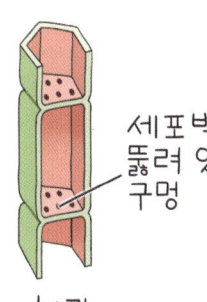

19 헛물관? 물관?

자람이의 헛물관 이야기

 안녕, 우람아? 나 자람이야.

물관, 헛물관 많이 헷갈리지? 마침 어린이 신문에 실린 나무에 관한 기사에서 헛물관이란 말이 나왔길래 알려 주려고.

헛물관도 식물이 흡수한 물이 지나가는 통로가 되는 것인데 줄기의 전체가 아닌 가장자리 부분에 자리하고 있어. 물관과 마찬가지로 뿌리에서 흡수한 물과 무기양분이 지나갈 수 있는 길인 셈이야.

헛물관은 식물의 몸을 받치고, 물과 무기양분이 위로 올라갈 수 있도록 하는 통로로 아주 중요한 곳이야.

헛물관은 소나무, 은행나무와 같은 겉씨식물과 고사리 같은 양치식물에 있고, 물관은 복숭아, 장미, 무궁화 같은 속씨식물에 있어.

자, 이제 헛물관이 뭔지 좀 알겠지?

물관이나 헛물관이나 모두 물과 무기양분이 지나가는 길이지만 헛물관은 겉씨식물, 양치식물에 있고, 물관은 속씨식물에 있다는 게 다르니까 별로 어려울 것 없어.

지난 번처럼 알려 준 것 잊어버려서 다시 묻지 말고 잘 기억해 두면 좋겠어.

그럼 안녕~

20 나이테는 왜 생기는 걸까?

나이를 알려 주는 나이테

 안녕! 친구들, 난 은행나무야.

엄청 크지? 아마 친구들 다섯, 여섯 명이 양팔을 뻗어야 나를 껴안을 수 있을 거야.

이렇게 큰 나무가 되려면 얼마나 오래 살았는지 궁금하지? 하도 오래 살았더니 나도 내 나이를 자꾸 까먹네. 내 나이를 알려면 나이테를 한번 세어 봐.

나이테가 뭐냐고?

나무를 가로로 자르면 가는 선으로 된 타원 모양을 볼 수 있어. 이 부분을 나이테라고 해.

형성층 안쪽에는 물관이 있고, 바깥쪽에는 체관이 있지? 안쪽에 생긴 물관이 생긴 시기에 따라 크기와 구조가 달라져서 나이테가 생기는 거야.

형성층은 봄부터 여름까지는 세포들이 활발하게 움직이며 그 수가 늘어나 크기가 크고 연한 세포들이 만들어져. 하지만 가을부터는 세포가 느리게 움직이며 크기가 작고 단단한 세포들이 만들어지지. 이렇게 두 가지 세포들이 줄기 내에 겹겹이 교차되면서 나이테를 만들어 내는 거야.

나이테는 1년에 한 줄씩 생기기 때문에 나이테를 보면 나무의 나이를 알 수 있는 거고.

내가 재밌는 사실 하나 알려 줄까?

열대 지방에서 자라는 나무들은 나이테가 없대.

1년 내내 여름만 있는 곳이라 나무는 계속 자라기만 해. 세포의 크기나 모양이 거의 같아서 어디서 어디까지가 1년 동안 자란 건지 구분하기가 힘들어. 열대 지방 나무는 쉬지 않고 일하고 있는 거야.

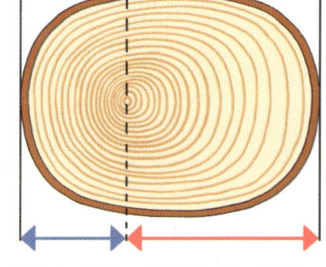

햇볕을 적게 받은 쪽은 나이테의 간격이 좁다.

햇볕을 많이 받은 쪽은 나이테의 간격이 넓다.

21 줄기가 땅속에 있다고?

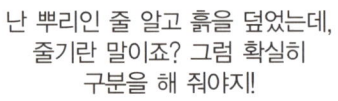

땅속줄기

🧒 줄기가 땅속에 있는 식물이 있다고 해서 찾아왔습니다.
　안녕하세요, 양파님? 보통 식물들은 줄기가 땅 위에 있는데 양파 줄기는 왜 땅속에 있나요?

🧅 어머머, 남이야 줄기가 땅 위에 있든, 땅속에 있든 무슨 상관이람.

🧒 그러지 말고 좀 알려 주세요, 네? 부탁드려요~

🧅 좋아요, 그럼. 대신 조금만 알려 줄 거예요! 나 같은 경우는 뿌리줄기에서 가지를 치고 자라요. 가지 끝에 영양분이 모이면서 양파가 자라는 거죠. 그래서 뿌리가 있는 땅속에서 자라는 거랍니다. 나처럼 씨앗이나 포자를 이용하지 않고 땅속줄기와 같은 영양 기관으로 번식하는 줄기를 **땅속줄기(지하경)**라고 해요.

🧒 그럼 양파님 말고 또 다른 땅속줄기 식물이 있나요?

🧅 있고말고요. 감자, 고사리 같은 식물들이 땅속줄기랍니다.

🧒 친절하게 알려 주셔서 감사합니다! 줄기가 왜 땅속에 있나 했더니 뿌리줄기에서 가지를 치고 나와 땅속에 있었군요. 그럼 양파님, 더 크고 더 좋은 양파로 자라시길 바랍니다.

양파

> 양파·시클라멘·토란·튤립 등은 꽃줄기를 내는 것 외에는 땅 위에 줄기가 없어요.
> 이와 같은 식물의 줄기는 땅속줄기예요.

고사리

> 고사리·풀고사리 등 양치식물도 땅 위에는 잎만을 내고 줄기는 전부 땅속줄기인 것이 많아요.

쇠뜨기

> 쇠뜨기·양모밀·메꽃·둥굴레 등은 땅속과 땅 위에서 양쪽 모두 줄기를 가지고 있기도 해요.

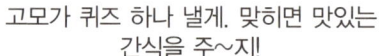

뿌리열매, 줄기열매

고구마와 감자는 땅속에서 열리는 식물이에요. 그래서 둘 다 뿌리열매처럼 보이지만 열매를 맺는 부위는 서로 다르답니다.

고구마는 '뿌리'가 변한 열매지만, 감자는 '줄기'가 변한 열매거든요.

감자는 세계에서 네 번째로 많이 생산되는 곡물로 분명 땅속에서 열매를 맺지만 영양분을 빨아들이는 뿌리 부위가 따로 있어요.

땅속에 있는 줄기 마디로부터 가는 줄기가 나와 그 끝에 영양분이 쌓여 커지면서 덩이줄기(땅속줄기의 끝부분이 부풀어 오름)를 이뤄요. 그래서 덩이줄기, 즉 줄기열매로 자라지요.

줄기열매인 감자와 달리 고구마는 한해살이 뿌리채소예요. 주로 전분이 많고 단 맛이 나는 혹뿌리를 가진 식물이랍니다. 과거에는 고구마가 땅속에서 자란다는 이유만으로 악마의 열매라 하여 사람들이 먹기를 꺼려했다고 해요.

23 갖춘잎? 안갖춘잎?

 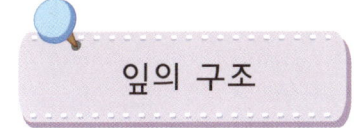 

잎의 구조

보통 식물의 잎은 **잎몸**, **잎자루**, **턱잎**으로 이루어져 있어요. 하지만 모든 식물이 세 부분으로 이루어져 있는 것은 아니에요. 이 세 부분을 모두 가지고 있으면 **갖춘잎**, 이 가운데 하나라도 없으면 **안갖춘잎**이라고 하지요.

잎몸은 잎의 가장 중요한 부분이에요. 태양빛을 받아 광합성을 만드는 엽록체가 많이 모여 있거든요. 대체로 태양빛을 잘 받도록 편평한 모양으로 되어 있고 잎의 뒷면에 공기가 드나들 수 있는 구멍인 기공이 있어요.

잎자루는 잎몸과 줄기를 연결시켜 주는 부분이에요. 잎몸이 햇빛을 잘 받을 수 있도록 비틀어지는 것이 가능하지요.

턱잎은 잎자루 아래에 있어요. 속씨식물의 쌍떡잎식물에서 흔히 볼 수 있고, 겉씨식물에서는 볼 수 없어요. 턱잎의 생김새는 가시 모양, 돌기 모양, 비늘 모양, 잎 모양, 칼집 모양 등으로 다양하고, 어린 싹을 보호하는 역할을 해요. 턱잎은 매우 작아 잘 보이지 않는 경우가 많은데 덩굴손이나 가시 등으로 변형된 것들도 있어요.

이 외에 잎에는 잎맥이 있어요. 잎맥은 물과 양분이 지나가는 길인데 줄기의 관다발과 연결되어 있어요. 쌍떡잎식물은 그물처럼 생긴 **그물맥**의 모습으로, 외떡잎식물은 일자로 뻗은 **나란히맥**의 모습을 하고 있어요.

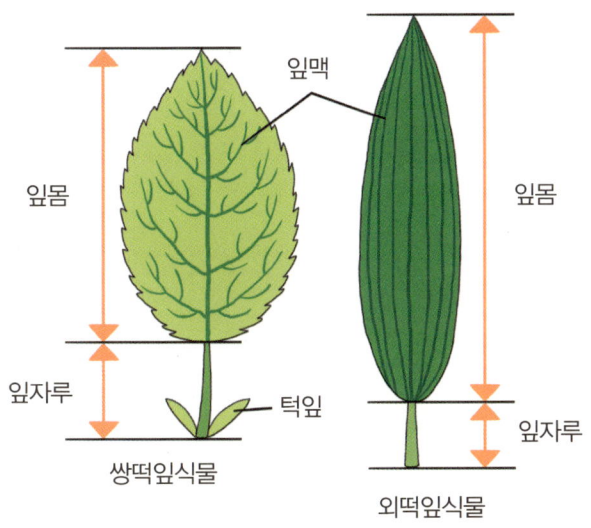

24 잎이 하는 일은 무엇일까?

양분을 만드는 잎

◉ 호흡 작용

잎의 뒷면을 자세히 보면 작은 공기구멍들이 있어요. 이 공기구멍을 기공이라고 해요. 광합성을 하는 낮에는 이산화탄소를 흡수해서 산소를 내보내고, 밤에는 광합성을 하지 않기 때문에 산소를 흡수해서 이산화탄소를 내보내요.

◉ 광합성 작용

낮에 햇빛을 받아 양분을 만드는 거예요. 잎에 있는 엽록체 속의 엽록소가 뿌리에서 올라온 물과, 기공을 통해서 들어온 이산화탄소로 양분을 만들어 잎, 줄기, 뿌리에 저장한답니다. 식물에 영양을 공급하는 작용이에요.

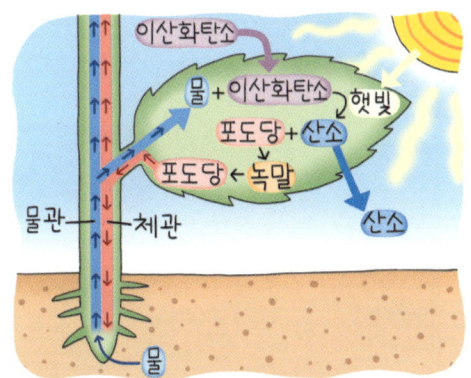

◉ 증산 작용

식물의 뿌리에서 흡수된 물 중에서 이용하고 남은 물을 수증기 형태로 기공을 통해 공기 중으로 내보내는 것이에요. 이러한 작용으로 식물은 수분을 일정하게 유지하고 체온을 유지한답니다. 증산작용은 햇빛을 많이 받고, 온도가 높을수록 활발하게 일어나기 때문에 더운 여름에는 화분에 물을 더 자주 줘야 해요.

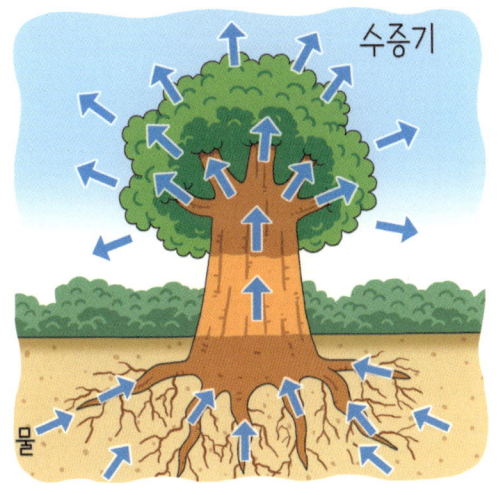

25 식물의 잎이 나는 데도 규칙이 있다고?

잎차례

식물의 잎을 들여다보면 줄기에 달려 있는 잎의 모양이 다르다는 것을 알 수 있어요. 줄기에 매달린 잎들이 들쑥날쑥 마음대로 나는 것 같지만 사실은 잎이 나는 데에도 정해진 규칙이 있지요. 잎이 줄기에 붙어 있는 모양을 **잎차례**라고 해요. 식물에 따라 **마주나기**, **어긋나기**, **돌려나기**, **뭉쳐나기** 등 다양한 잎차례를 가지고 있지요.

나는 개나리야. 마디 한 개에 잎이 두 장씩 마주나기로 나. 잎이 서로 마주 보고 나서 마주나기라고 해.

마주나기식물: 회양목, 개나리, 아카시나무, 백일홍, 패랭이꽃

난 강아지풀. 마디 한 개에 잎이 한 장씩 어긋나게 붙어서 나. 그래서 어긋나기라고 해.

어긋나기식물: 해바라기, 찔레꽃, 강아지풀, 벚나무, 나팔꽃

난 채송화야. 내 잎들은 날 너무 좋아해서 나를 빙 둘러서 잎이 나. 마디 한 개에 잎이 세 장 이상씩 나거든. 그래서 돌려나기라고 해.

돌려나기식물: 돌나물, 쇠뜨기, 야자나무, 채송화, 검정말, 갈퀴덩굴, 흰털냉초

난 은행나무야. 여러 개의 잎이 짧은 줄기에 뭉쳐서 나. 그래서 뭉쳐나기라고 해.

뭉쳐나기식물: 은행나무, 소나무, 낙엽송, 민들레

잎이 줄기에 붙어 있는 모양이 다른 이유는 햇빛을 골고루 받아야 튼튼하게 자라기 때문이랍니다.

26 사막의 꽃, 선인장

잎이 변형된 선인장 가시

사막은 뜨거운 태양이 내리쬐고 비가 자주 오지 않는 고온 건조한 기후예요. 이러한 기후는 식물이 살기에 좋은 환경이 아니지요. 하지만 뜨거운 모래로 뒤덮이고 물이 부족한 사막에서도 잘 견디며 사는 식물이 있어요. 바로 선인장이지요. 선인장은 몸속에 많은 양의 물을 저장해요. 그래서 다른 식물들에 비해 몸이 뚱뚱한 편이랍니다. 단단한 껍질은 몸속에 저장해 둔 물이 밖으로 빠져나가는 것을 막아 주고요.

뾰족하게 돋은 가시도 사막에서 살아갈 수 있는 비밀 중 하나예요. 넓은 잎보다는 작고 좁은 잎이 햇빛에 의한 수분 증발이 적기 때문에, 선인장의 잎은 점점 작고 좁아지면서 가시처럼 변한 거예요. 그뿐만 아니라 뾰족한 가시는 동물들이 선인장을 먹지 못하게 막아 주는 역할도 한답니다.

선인장처럼 잎이 변형된 다른 식물도 있어요.

물 위에 떠 있는 부레옥잠은 잎자루가 길게 부풀어 올라 있어 공기주머니 같은 역할을 해요.

파리지옥은 잎에 이빨처럼 생긴 가시가 나 있어 벌레를 잡아 가두어요.

나팔꽃이나 호박처럼 잎이 덩굴손으로 변한 것도 있어요. 덩굴손은 줄기 마디에서 가느다란 실처럼 나와 다른 물체를 감아쥐고 올라가요.

끈끈이주걱은 잎에 끈적거리는 털이 있어 벌레를 꼼짝 못하게 만들어요.

꽃의 구조에 대한 궁금증 세 가지

 꽃은 어떻게 이루어져 있나요?

꽃의 구조는 식물에 따라 조금씩 다르기는 하지만 보통 암술, 수술, 꽃잎, 꽃받침으로 되어 있어요. 그렇다고 모든 꽃이 완벽하게 꽃의 구조를 갖추고 있는 것은 아니에요. 무궁화처럼 꽃의 구조를 모두 갖춘 꽃도 있지만 암술과 수술이 다른 꽃에 떨어져 있는 호박꽃처럼 꽃의 구조를 고루 갖추지 못한 꽃도 있답니다.

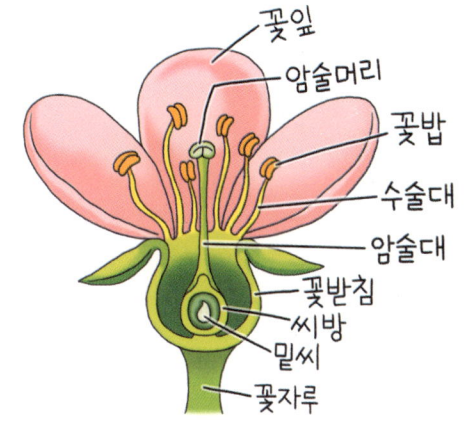

 암술과 수술은 무슨 일을 하나요?

암술은 꽃의 한가운데 자리 잡고 있는 암술머리와, 밑씨가 있는 씨방, 암술머리와 씨방을 이어 주는 암술대로 이루어져 있어요. 암술은 보통 한 개로 되어 있어요. 꽃가루가 붙기 쉽게 끈적끈적한 편이에요.

수술은 꽃가루를 만들어내는 일을 해요. 꽃밥과 수술대로 되어 있어요. 꽃밥 속에는 꽃가루가 많이 들어 있어 수술의 꽃가루가 암술머리에 전해져 열매가 맺히는 거예요.

 꽃잎과 꽃받침은 무슨 일을 하나요?

꽃잎은 아름다운 색깔과 모양으로 벌과 나비를 불러 모아요. 그리고 열매를 맺을 수 있는 암술과 수술을 보호하는 일도 한답니다. 꽃잎의 수는 식물마다 달라요. 꽃잎이 모두 붙어 있는 식물이 있는가 하면 꽃잎이 모두 떨어져 있는 식물도 있어요.

꽃받침은 꽃의 가장 바깥쪽 부분으로 꽃잎은 물론 암술과 수술을 받치고 있어요. 윗부분은 몇 갈래로 나뉘어져 있지만 아랫부분은 하나의 통으로 붙어 있어요.

꽃잎이 한 장? 꽃잎이 여러 장?

통꽃과 갈래꽃

🔍 관찰일지 ✏️

통꽃과 갈래꽃

통꽃

통꽃은 꽃잎 전체가 한 장으로 되어 있거나, 꽃잎은 갈라져 있지만 밑동이 붙은 꽃을 말한다.
대표적인 봄꽃인 개나리는 갈라져 있기는 하지만 밑동 부분이 하나로 붙어 있어 통꽃이다. 그래서 꽃이 질 때도 꽃잎이 모두 한 번에 떨어진다.
꽃잎이 여러 개로 나누어져 있는 국화는 흔히 통꽃이 아니라고 생각하지만 작은 통꽃이 여러 개 모여서 이루어진 꽃으로 통꽃에 속한다. 민들레, 해바라기도 국화처럼 통꽃이 여러 개 모여 하나의 꽃으로 이루어진 통꽃이다.

갈래꽃

갈래꽃은 여러 장의 꽃잎으로 되어 있으며 꽃잎의 밑동 부분이 서로 붙어 있지 않고 떨어져 있다. 보통 꽃잎이 한 장씩 떨어진다.
봄에 피는 벚꽃은 여러 꽃잎으로 이루어진 갈래꽃으로 바람이 불어 꽃잎이 떨어지는 것을 보면 꽃잎이 한 장씩 눈처럼 떨어지는 것을 볼 수 있다.
목련, 장미꽃, 유채꽃 등은 모두 갈래꽃에 속한다.

해바라기가 통꽃이라니, 지금까지 속았잖아!

29 꽃의 색이 다른 이유는 뭘까?

저마다 다른 꽃의 색깔

| 월 | 일 | 요일 | ☀ | ⛅ | ☁ | ☂ | 🌧 |

 오늘은 고모와 함께 놀이동산으로 꽃구경을 갔다.

장미, 백합, 제비꽃, 팬지 등 많은 종류의 꽃들이 저마다 갖가지 색깔을 뽐내며 예쁘게 피어 있었다.

그런데 왜 꽃들은 저마다 색이 다른 걸까?

고모에게 물어보니 꽃마다 갖고 있는 색소가 다르기 때문이라고 했다. 식물 세포에는 **액포**라는 것이 있는데, 그 안에 세포액이 들어 있으며, 이 세포액에는 여러 종류의 색소가 있다고 한다.

이 색소들이 어떻게 섞이며 햇빛 중 어떤 색의 빛을 흡수하고, 반사하느냐에 따라, 빨강, 분홍, 노랑, 보라 등 다양한 꽃 색깔이 나타나는 거라고 하니… 참 신기하다.

그리고 꽃마다 색이 다른 이유가 또 있었다.

대부분의 식물은 곤충의 도움을 받아 수정을 해야 씨를 맺는다. 신기하게도 꽃의 종류에 따라 몰려드는 곤충의 종류가 다르다고 한다.

곤충은 꽃의 색깔과 향기에 따라 모두 다른 반응을 보이기 때문에 노란 꽃의 색깔에 반응하는 곤충은 빨간색이나 파란색 꽃은 거들떠보지도 않는다.

그래서 꽃은 수정을 도와줄 곤충이 좋아하는 색깔과 향기를 풍겨서 원하는 곤충을 유혹하는 것이라고 한다. 또한 곤충이 필요 없는 꽃은 향기도 없고, 색깔도 예쁘게 나지 않는다고 하니 정말 신기하다.

30 자가수분, 타가수분

꽃의 수분에 대한 궁금증 세 가지

 수분이 무엇인가요?

수분은 수술에서 꽃가루가 나와 암술머리에 붙는 것이에요. 꽃가루가 암술 끝에 묻어 꽃가루관이 자라고, 꽃가루관이 씨방을 뚫고 들어가 밑씨에 이르면 수정이 되지요. 씨방이 커져 열매가 되는 거예요.

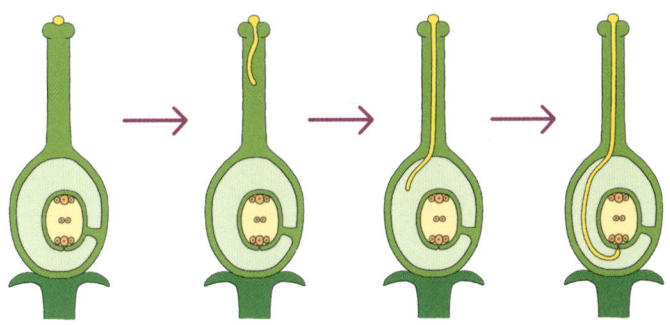

 자가수분과 타가수분은 서로 다른가요?

자가수분은 한 개의 꽃 안에서 그 꽃의 꽃가루가 암술머리에 붙는 것을 말하고, 타가수분은 꽃가루가 다른 것에 의해 암술머리에 붙는 것을 말해요.

대부분의 꽃은 암술과 수술을 함께 가지고 있기 때문에 자가수분을 한답니다.

타가수분을 하는 식물은 암, 수가 서로 다른 꽃을 가지거나 암, 수가 서로 다른 나무로 되어 있어요.

 타가수분에는 어떤 것들이 있나요?

소나무처럼 바람에 의해 수분이 이루어지는 풍매화, 나사말처럼 흐르는 물에 의해 수분이 이루어지는 수매화, 동박새에 의해 수분이 이루어지는 동백꽃처럼 새를 통해 수분이 이루어지는 조매화, 벌이나 나비가 수분을 도와주는 충매화가 있어요. 또한 사람이 직접 수분을 도와주는 인공수분도 있답니다.

찌릿찌릿 식물

31 벌과 나비가 사랑의 전달자라고?

충매화

지구 상에 피어나는 약 25만 종 이상의 꽃이 간절히 기다리는 손님이 있어요. 그들이 기다리는 손님은 그들의 생존과 번식을 도와주는 사랑의 전달자, 바로 곤충이랍니다.

식물은 수분에 가장 큰 역할을 하는 곤충을 불러들이기 위해 안간힘을 써요. 대부분의 곤충들이 냄새를 잘 맡기 때문에 꽃들도 곤충을 유혹하기 위해 향기를 내뿜는답니다. 또한 시각이 발달한 곤충을 유혹하기 위해서 화려하고 아름다운 색깔을 지니기도 합니다.

봄이면 숲 속을 이리저리 날아다니는 벌과 나비는 꽃의 꿀을 먹으러 앉았다가 꽃가루를 다리에 묻히게 돼요. 꽃가루가 묻은 채 다른 꽃에 가서 앉게 되면 좀 전의 꽃가루가 다른 꽃으로 옮겨 가서 열매가 맺게 되지요.

꽃이 아름다운 색깔과 향기로 곤충을 유혹한다.

곤충이 꿀을 얻기 위해 꽃에 앉는다.

곤충이 다리에 꽃가루를 묻힌 채 다른 꽃에 앉아 꽃가루를 옮겨 주면 열매가 맺힌다.

찌릿찌릿 식물

32 나무에도 암수 구분이 있다?

암·수로 나뉘는 은행나무

🙍 텔레비전에서 보니까 500년 된 할아버지, 할머니 나무가 있다고 하던데요, 정말 나무에도 여자 나무, 남자 나무가 있는 거예요?

👩‍🔬 보통의 나무는 암수 나무가 따로 있지 않아. 대부분 암꽃과 수꽃이 같은 나무에서 피지. 그것을 **자웅동주**라고 해.

반면에 암꽃만 피는 나무, 수꽃만 피는 나무가 있어. 그것을 **자웅이주**라고 하는데 우리가 잘 아는 은행나무, 버드나무, 뽕나무 등이 그렇지.

나무의 겉모습만 보고 암나무, 수나무를 구별하기는 힘들어. 대신 열매가 달리느냐, 안 달리느냐를 보고 알 수는 있지. 물론 열매가 열리는 나무가 암나무야.

암나무에는 암꽃만 피고 수나무에는 수꽃만 펴.

말했다시피 암꽃의 암술머리에 수꽃가루가 옮겨져 수정이 되어야만 열매를 맺을 수 있는데, 나무는 스스로 움직일 수 없으니 누군가가 꽃가루를 옮겨 주어야 하지.

은행나무는 봄바람이 불 때 수꽃가루를 바람에 실어 날려 보내 열매를 맺어. 당연히 거리가 가까울수록 좋고 마주보고 있으면 더더욱 좋겠지?

찌릿찌릿 식물 81

열매는 어떻게 해서 열리는 걸까?

 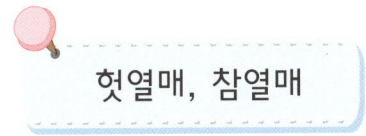 

헛열매, 참열매

식물의 열매 중에서 우리가 먹을 수 있는 것을 과일이라고 해요. 열매는 꽃의 어느 부분이 변해서 만들어졌느냐에 따라서 참열매와 헛열매로 구별되지요.

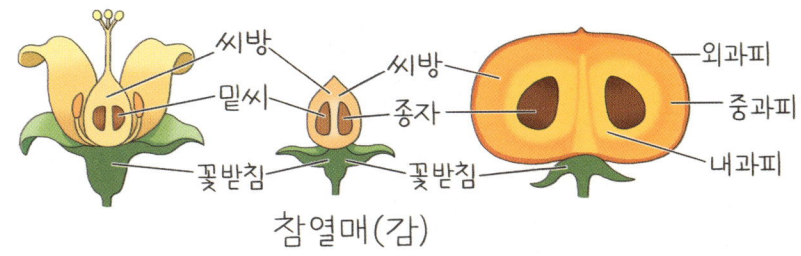

참열매(감)

종자를 감싸고 있는 씨방 부분이 자라서 열매가 된 것을 참열매라고 해요.

참열매에는 복숭아, 오이, 호박, 수박, 가지, 토마토, 밤, 감 등이 있어요.

그러나 꽃의 구조 중에서 꽃대, 꽃받침 등 씨방 외의 다른 부분이 변해서 열매가 되는 경우도 있어요. 이런 열매를 헛열매라고 하지요.

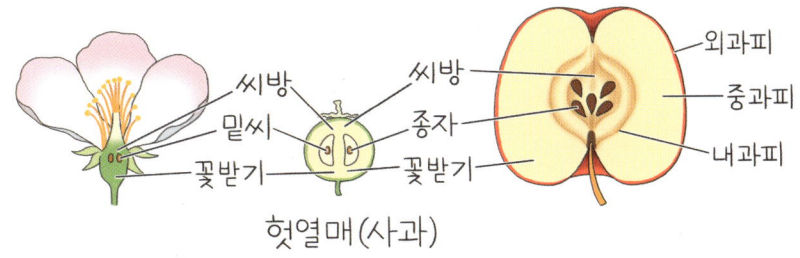

헛열매(사과)

▶ 꽃받기로 이루어지는 열매: 씨방은 거의 자라지 않고 꽃받기가 발달해 열매가 된다.
  (예) 사과, 딸기 등
▶ 꽃받침으로 이루어지는 열매: 꽃받침과 그 외의 부분이 함께 자라서 열매가 된다.
  (예) 석류, 수유나무 등
▶ 꽃대로 이루어지는 열매: 작은 꽃이 많이 붙어 있는 꽃대가 발달해 열매가 된다.
  (예) 파인애플, 무화과 등

34 다리도 없는 식물이 어떻게 멀리 갔을까?

 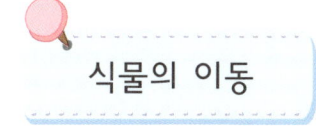 

식물의 이동

🧑 땅에 뿌리를 내리고 사는 식물들이 어떻게 여기저기 흩어져서 피어나는 걸까요? 오늘은 여러 식물들을 모시고 어떻게 씨앗을 퍼뜨리는지 알아보도록 하겠습니다. 우선 딸기는 어떻게 씨앗을 퍼뜨리나요?

🍓 저는 워낙 맛이 있어 동물들이 가만두질 않아요. 동물에게 먹혀서 씨가 퍼지죠.

🧑 동물이 딸기를 먹는 거랑 씨가 퍼지는 거랑 무슨 관계가 있나요?

🍓 어머머, 그걸 꼭 제 입으로 말해야 해요? 아이 참! 똥이요, 똥! 동물들이 수박, 포도, 참외 등의 열매를 먹고 똥을 누면 소화가 되지 않은 씨에서 싹이 나고 꽃이 피어 다시 열매가 맺히는 거죠.

🫘 안녕하세요, 저는 콩인데요, 주로 꼬투리가 터져서 씨가 퍼져 나가요. 나팔꽃, 사철나무, 무궁화 등이 저처럼 꼬투리가 마르면서 껍질이 터져 씨앗이 튕겨나가지요.

🌱 저 민들레는 몸이 가벼워서 바람에 날려 씨가 퍼져요. 저처럼 털이나 날개같이 바람에 잘 날릴 수 있는 씨앗을 가진 단풍나무, 소나무, 억새 등도 바람에 씨앗을 맡기지요.

🌰 저는 도깨비바늘이에요. 진짜 도깨비는 아니고요. 씨앗에 바늘이나 갈고리가 있거나 끈끈한 물질로 싸여 있어서 주로 동물의 몸에 붙어서 씨가 퍼져 나가죠.

🌸 안녕하세요, 연꽃이에요. 고상한 저는 물 위에 떠서 씨를 퍼뜨리는데요, 열매 속에 공기 주머니 같은 것이 있어서 다른 곳으로 이동될 때까지 물에 오래 떠 있을 수 있답니다. 수련이나 야자나무도 저처럼 물에 떠서 씨앗을 퍼뜨려요.

🌰 난 도토리라고 해. 난 그냥 제자리에 떨어져서 번식하는데 둥글게 생긴 모양 덕에 데구르르 잘 굴러다닐 수 있어서 여기저기 굴러가 자리를 잡고 싹을 틔워.

🧑 식물들마다 각기 다른 방법으로 씨를 퍼뜨리다니 정말 놀라운 시간이었습니다. 앞으로도 더 많이 씨를 퍼뜨리시길 바랍니다.

35 민들레 홀씨는 왜 바람에 날아갈까?

 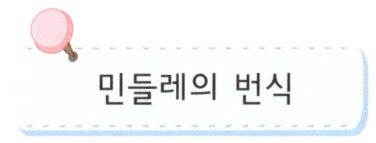 

민들레의 번식

민들레는 생명력이 강하고 번식력이 좋아 길거리에서도 흔히 발견할 수 있어요.

봄이나 초여름이 되면, 머리 모양 꽃을 이루고 있던 수많은 낱꽃이 각각 하나의 열매로 성숙해요. 이 각각의 열매는 익어도 쪼개지거나 열리지 않으며, 열매 안에 씨앗이 한 개씩 들어 있어요. 열매 모양은 긴 타원형으로 황갈색이며, 겉에 가시 같은 돌기가 나 있어요.

열매 끝에는 꽃받침이 변해 생긴 낙하산 모양의 갓털이 있어서 바람을 타고 멀리 이동할 수 있어요.

봄이 되면 하얀 먼지처럼 민들레 씨가 바람에 날아다니는 것을 본 적이 있을 거예요.

꽃이 지고 나면 씨는 솜털처럼 생긴 부드러운 털에 의해 바람을 타고 훨훨 날아가 여기저기 흩어져 번식을 하는 것이랍니다. 민들레는 아주 적은 양의 흙이 있어도 다시 뿌리를 내리고 꽃을 피우는 생명력이 질긴 꽃이기도 해요.

잎이 뿌리에서 바로 나오는 로제트 식물이기도 한 민들레는 새의 깃처럼 생긴 잎이 사방으로 퍼져 있으며 서로 잎이 겹치지 않아 햇빛을 골고루 많이 받을 수 있어요.

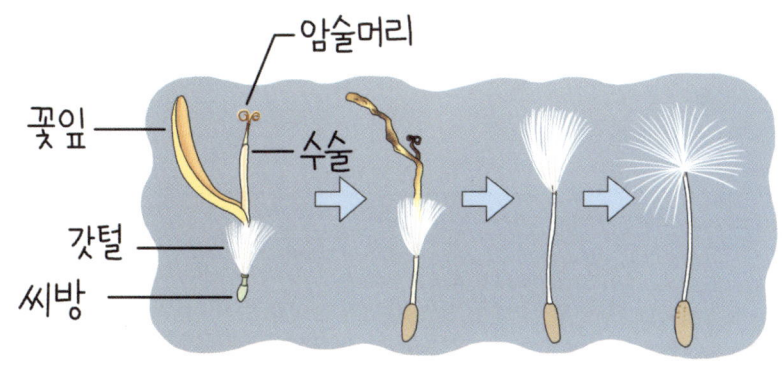

히힛, 민들레 씨는 낙하산 모양이니까 어쩌면 낙하산처럼 하늘을 날 수도 있을 거야.

식물의 광합성이 산소를 만든다고?

자람이의 광합성 이야기

 우람아, 과자를 다 먹고 나면 제발 아무 데나 버리지 좀 마!

아까도 네가 버린 과자 봉지가 바람에 날려서 나뭇잎을 덮고 있더라. 그렇게 봉지가 나뭇잎을 덮어 버리면 나뭇잎이 어떻게 햇빛을 쬐겠니?

나뭇잎이 햇빛을 못 받으면, 광합성을 못 하게 된단 말이야.

네가 광합성에 대해 알면 빈 봉지를 함부로 버리지 않겠지 싶어서 알려 주는 거니까 새겨들어.

광합성이란 식물의 잎이 햇빛을 받아서 물과 이산화탄소를 이용해 산소와 양분을 만들어 내는 일이야. 이렇게 만들어진 양분은 '잎→잎맥→체관→줄기→뿌리' 순으로 전달돼. 그리고 산소는 생명체가 살아가기 위해 반드시 필요한 것이지.

그럼 햇빛이 아닌 다른 빛도 광합성을 하는 데 상관이 없을까?

빙고! 빛의 종류가 꼭 햇빛이 아니어도 괜찮아.

햇빛 이외에 다양한 빛, 전등 빛 등에서도 적은 양의 광합성을 하긴 하거든. 하지만 매우 적은 양이기 때문에 식물이 금방 시들 수도 있어.

이제 광합성이 식물에게 얼마나 중요한 일인지 알겠니?

앞으로는 절대 빈 봉지를 함부로 버리지 않기다!

37 식물도 밤에 잠을 잘까?

나뭇잎의 숨구멍

어제 수업 시간에 학교 뒷산으로 야외 수업을 나갔거든요. 나뭇잎을 가지고 노는데, 선생님이 보더니 나뭇잎에도 사람처럼 숨을 쉬는 숨구멍이 있다고 하는 거예요. 그런데 아무리 찾아봐도 숨구멍을 찾지 못했어요. 정말 나뭇잎에 숨구멍이 있나요?

나뭇잎에 있는 숨구멍은 워낙 작아서 사람의 눈으로는 볼 수 없어. 현미경으로 봐야 겨우 보이는데 이 숨구멍을 **기공**이라고 부른단다.

잎의 뒷면에는 표피세포가 변형된 공변세포가 쌍을 지어 있어. 두 개의 공변세포가 부풀면 기공이 생기지. 그러다 공변세포가 다시 홀쭉해지면 기공이 닫혀.

식물은 낮 동안에 광합성을 하면서 이산화탄소를 마시고 산소를 내뿜어.

반대로 밤에는 광합성을 못 하기 때문에 산소를 마시고 이산화탄소를 내뿜지.

이때 기공은 식물의 몸 안과 몸 밖에서 들이마시는 가스를 서로 교환하는 통로 역할을 해. 또 물관에서 이동한 물이 기공을 통해 빠져나가기도 한단다.

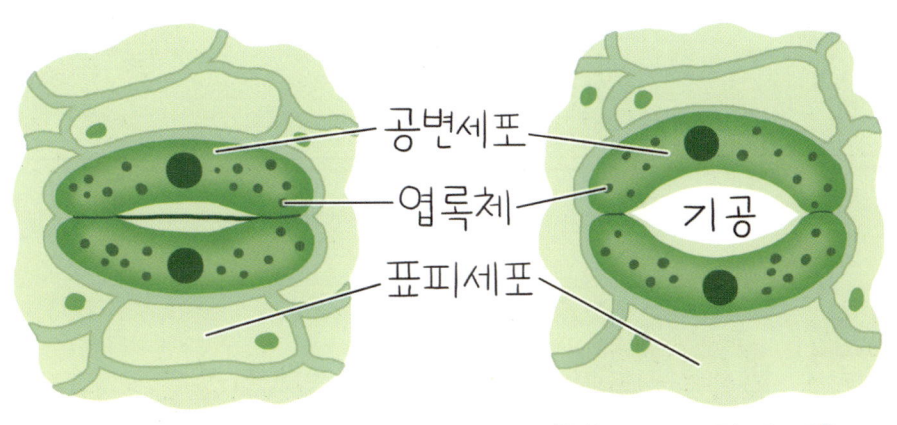

공변세포가 닫혀 있을 때   공변세포가 열려 있을 때

38 선인장도 광합성을 할까?

선인장의 광합성

식물은 넓은 잎으로 광합성을 해야만 살아갈 수 있어요. 그러면 잎이 없는 선인장은 광합성을 할 수 없을까요?

보통의 식물들은 낮에 기공을 열어 이산화탄소를 흡수하며 광합성을 해요.

하지만 선인장처럼 물이 없고 더운 지역에 사는 식물은 낮에 기공을 닫아 놓아요.

선인장이 낮에 기공을 열었다가는 물이 모두 증발해 버려 몸속에 물이 부족해 살 수 없게 되거든요. 그래서 선인장같이 사막에 사는 식물들은 이산화탄소를 저장하는 장치가 따로 있답니다. 밤에 기공을 열어 이산화탄소를 흡수하여 저장해 두었다가, 다음 날 해가 뜨면 전날 밤에 저장해 놓았던 이산화탄소를 통해 광합성을 하는 거지요.

선인장은 다른 식물들과 생김새가 조금 다를 뿐, 광합성을 통해 영양분을 얻는 것은 다른 식물들과 똑같답니다.

식물은 낮에 기공을 열어 산소를 내보내니까 낮에는 식물 옆에, 선인장은 밤에 기공을 열어 산소를 내보내니까 밤에는 선인장 옆에. 그러면 항상 신선한 산소를 마실 수 있겠지? 헤헤.

39 토마토와 감자가 한 식물에서 열렸다고?

포마토

포마토는 뿌리식물인 감자와 열매인 토마토가 한 줄기에서 열리는 식물이에요. 뿌리에는 감자가 달리고 줄기에는 토마토가 열려서 포테이토와 토마토의 합성어인 '포마토' 또는 '토감'이라고 불러요.

포마토는 품종을 개량해 식물의 두 종을 서로 섞어 서로의 장점만을 가질 수 있도록 발전된 새로운 식물종의 하나를 가리키기도 해요.

포마토는 인공적으로 두 세포를 섞어 새로운 잡종 식물을 만들어 내는 방법인 **세포융합**으로 만들어졌어요. 세포 융합을 통하여 만들어진 포마토는 유전될 수 있어요.

이 외에도 번식시키려는 식물체의 눈이나 가지를 잘라 내어 뿌리가 있는 다른 나무에 붙여 키우는 접목을 통해서도 만들 수 있어요.

예를 들어 감자의 줄기 밑동을 잘라서 그 위에 토마토의 눈과 가지를 붙여서 키우면, 조금 지나서 서로 붙어 자라게 돼요. 하지만 접목으로 얻은 씨는 유전이 되지 않는다는 단점이 있지요.

이처럼 세포융합과 접목을 통해서 만든 다양한 식물이 있답니다.

토마토	+	감자	=	토감
무	+	배추	=	무추
가지	+	감자	=	가감
양배추	+	무	=	양무추

여러 식물 중에서도 같은 과(科)끼리 접목해야 성공률이 높대. 그래서 가짓과의 토마토와 감자가 성공적으로 접목될 수 있었던 거지.

40 잎이나 줄기를 잘라 흙에 꽂아도 살까?

식물이 씨앗이나 포자를 이용하지 않고 잎, 줄기, 뿌리와 같은 영양기관을 이용해서 번식하는 방법이 있어요. 이런 걸 **영양생식**이라고 해요. 영양생식에는 다음의 방법들이 있어요.

❶ **휘묻이**는 식물의 줄기 일부를 흙속에 묻어 뿌리가 내리면 잘라서 번식하는 방법이에요. 철쭉, 호두나무 등은 휘묻이로 번식할 수 있어요.

❷ **포기나누기**는 새순이 올라온 포기를 나누거나 어미그루에서 나온 새끼그루를 분리해서 번식하는 방법이에요. 알로에, 접란 등은 포기나누기를 할 수 있어요.

❸ **접붙이기**는 서로 다른 두 개의 식물을 인위적으로 잘라 이어서 하나의 식물로 붙여 만든 거예요. 이때 한 식물은 영양분을 공급해 주는 바탕이 되지요.

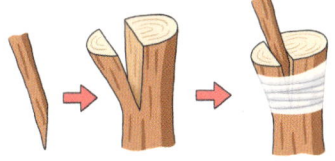

❹ **줄기꽂이**는 식물의 줄기나 가지를 잘라 물이 잘 빠지는 흙에 꽂아 번식하는 꺾꽂이예요. 행운목은 아무 줄기나 잘라내어 흙에 꽂아 두어도 잘 자라요.

❺ **잎꽂이**는 식물의 잎을 잘라 물이 잘 빠지는 흙에 꽂아 번식시키는 방법이에요. 다육식물들은 주로 잎꽂이 방식으로 번식시킬 수 있지요.

41 식물들도 서로 싸운다고?

식물들의 생존 경쟁

특종입니다! 움직이지 못하고 말도 못 하는 식물들이 서로 싸우고 있다는 제보가 들어와 긴급 취재를 나왔습니다. 식물들이 싸운다는 게 사실일까요?

저는 세계 3대 진미로 꼽히는 송로버섯이에요. 그런데 딴 식물들이 자꾸 내 자리를 탐내서 뺏으려고 들어오잖아요. 저는 그거 정말 싫거든요. 그래서 제 근처로 접근하는 식물에겐 독성을 뿜어내 모조리 없애 버렸어요.

크헉! 그게 사실입니까? 그럼 호두나무도 다른 식물들과 싸우나요?

호두나무라고 다를 게 있나요. 저도 제 근처엔 그 어떤 식물도 얼씬거리지 못하게 **주글론**이라는 독성 물질을 내뿜어 쫓아 버려요. 이렇게 하지 않으면 제 뿌리가 물을 충분히 먹지 못하거든요. 그래서 제 밑에서는 아무것도 자라지 않는다는 이유로 '죽음의 그늘'이라는 별명도 있어요.

식물들도 자리싸움이 치열하군요. 겉으로는 평화로워 보였는데 아주 놀랍습니다! 서로의 뿌리를 뻗어서 상대의 뿌리를 감거나 누르거나 하면서 땅속에서부터 싸움을 한다고 합니다. 줄기 또한 상대를 감아서 죽이거나 성장을 못 하게 한다고 하네요.

식물에게 좋은 토양과 햇빛은 살아가는 데 꼭 필요한 기본 요소이기 때문에 서로 좋은 자리를 차지하기 위한 본능적인 싸움이라고 하니 결코 나쁜 싸움이 아님을 알려 드립니다.

42 동물을 도와주며 사는 식물이 있다?

서로 도와주는 식물의 공생

동물과 식물이 서로 도우며, 서로 이익을 얻으면서 살아가는 것을 **공생**이라고 해요. 주변에서 동식물의 공생 관계는 어렵지 않게 찾아볼 수 있어요.

다른 식물보다 일찍 꽃을 피우는 동백나무는 새의 도움을 받아 꽃을 피워요. 새는 동백나무의 꿀을 먹고, 동백나무는 이리저리 옮겨 다니는 새 덕분에 꽃을 피울 수 있어요.

야생화인 매리골드와 배추도 공생 관계예요. 매리골드와 배추를 함께 심으면 매리골드의 꽃냄새를 싫어하는 해충이나 배추벌레들이 잘 생기지 않거든요.

이외에도 고추나무 밑에 파를 심으면 고추가 잘 자라고, 풋콩과 무를 함께 심으면 나방의 애벌레와 같은 해충이 생기지 않아요.

이처럼 두 종류의 식물이 함께 자라고 있으면, 서로 혹은 한쪽이 다른 한쪽 식물이 잘 자라도록 해 주는 경우가 있어요. 이런 관계에 있는 식물을 **공영식물**이라고도 해요.

43 겨우 살아서 겨우살이?

 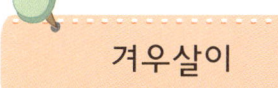 

겨우살이

| 월 | 일 | 요일 | ☀ | ⛅ | ☁ | ☂ | 🌧 |

오늘 과학 시간에 선생님께서 다른 나무에 뿌리를 박은 채 사는 더부살이 식물에 뭐가 있냐고 물으셨다. 깜빡 졸다가 질문을 받은 것이라 우물쭈물하는데 며칠 전 고모가 알려 준 기생식물 생각이 났다. 하지만 잠이 덜 깼는지 겨우살이를 겨울살이라고 큰 소리로 대답하는 바람에 반 친구들이 모두 깔깔 웃었다. 다시는 잊어버리지 않기 위해 자세히 공부했다.

겨우살이는 사철 푸른 상록수로 겨울에도 죽지 않아서 겨우살이라는 이름이 붙었다고 한다. 참나무나 밤나무 가지에 뿌리를 내리고 새의 둥지 모양으로 한겨울을 보내는 대표적인 기생식물이라고 한다. 높은 나무를 올려다봤을 때 새의 둥지처럼 보였던 것이 알고 보니 겨우살이였다니…….

겨우살이는 스스로 광합성을 하고, 일부만 기생해서 사는 반(半)기생 생활을 한다. 얹혀살기는 해도 필요할 때만 영양분을 빨아먹으니 양심은 있나 보다. 이렇게 붙어 살면서 숙주 나무에 피해를 주지만 나무 자체를 죽이지는 않는다. 숙주 나무가 죽으면 얹혀 사는 겨우살이도 살 수 없기 때문이다. 거참, 머리 한번 영리하네. 겨우살이는 '흡기'라는 빨대 모양의 뿌리를 내려 영양분을 빨아먹고 산다.

그런데 겨우살이는 어떻게 높은 나무에 세 들어 살 수 있을까?

겨우살이의 열매는 까치, 비둘기와 여러 산새들이 아주 좋아한다. 새들이 열매를 먹더라도 씨와 과육은 소화가 되지 않고 그대로 배설된다. 끈적끈적한 점액질의 과육에 둘러싸인 씨는 마른 나뭇가지에 그대로 들러붙게 되고 이 상태로 겨울을 나면서 싹이 트고 기생뿌리를 내리는 것이다.

밤나무야, 나랑 같이 지내자~ 난 네가 너무 좋아.

왜 이래? 싫다는데! 난 겨우살이랑 더부살이 하는 거 정말 싫거든!

식물은 어떻게 봄마다 싹을 틔울까?

싹 틔우기

봄이 되면 겨우내 움츠려 있던 식물들이 마치 '나 살아 있어요'라고 소리치듯 새싹을 틔워요. 식물들은 어떻게 봄이 온 것을 알고 작고 여린 싹을 내미는지 한번 알아볼까요? 식물의 싹이 트고 자라는 데에는 많은 원인이 있지만 크게 **평균 기온, 영양분, 밤낮의 시간 비율, 강수** 네 가지에 의해 싹이 자란다고 보면 돼요.

❶ **평균 기온**: 씨앗마다 조금씩 차이가 있기는 하지만 평균적으로 씨앗이 싹을 틔우는 온도(15~20℃)가 봄철 평균 기온(16~19℃)과 거의 비슷하기 때문이에요.

❷ **영양분**: 가을, 겨울 동안 떨어진 낙엽이나 열매 등이 썩으면서 거름이 되어 식물이 잘 자랄 수 있는 영양분으로 변하기 때문이에요.

❸ **밤, 낮의 시간 비율**: 봄에는 낮과 밤의 길이가 거의 비슷해요. 낮이 길면 햇빛의 양이 많아져서 식물이 더 잘 자랄 것이라고 생각하지만, 사실은 그렇지 않아요. 낮 동안 흡수한 햇빛과 영양분을 식물은 밤새 자기 것으로 만들고 성장을 위해 써야 하는 시간이 필요하거든요. 그래서 낮이 긴 여름이나 밤이 긴 겨울에 비해, 낮과 밤의 비율이 비슷한 봄에 싹이 잘 자라요.

❹ **강수량**: 봄은 평균 강수량 263mm, 강수일수가 39.7일 정도예요. 만일 한 번에 많은 양의 비가 오면 땅에 물이 고이고, 고인 물은 싹이나 뿌리 부분을 썩게 할 수도 있어요. 하지만 조금씩 자주 내리는 봄비는 식물이 자라는 데 필요한 만큼의 물이 되지요.

45 물에 떠서 사는 식물이 있다고?

물에서 자라는 수생식물

 혹시 수생 식물이라고 들어본 적 있나요?

수생식물은 물속에서 살아가는 식물을 말해요. 자라는 환경에 따라 **침수식물**, **정수식물**, **부엽식물**, **부유식물**로 구분할 수 있어요.

연꽃

정수식물은 뿌리를 제외한 줄기와 잎이 물 밖에서 자라는 식물이에요. 깊은 물에 자라는 풀은 잎이 길고 가늘어 물살을 잘 견딜 수 있고, 얕은 물에 자라는 풀은 키가 작고 줄기가 단단해요. 꽃창포, 석창포, 연꽃, 갈대, 부들 등이 있어요.

수련

부엽식물은 뿌리와 줄기는 물에 잠기고 잎이 떠서 자라는 식물이에요. 잎은 주로 뿌리잎으로 이루어지며 잎자루는 물의 높낮이에 알맞게 자라요. 잎은 물에 젖지 않게 반질반질하고 한쪽으로 기울지 않게 둥그스름해요. 수련, 가래, 마름 등이 있어요.

개구리밥

부유식물은 흐르는 물보다는 주로 고인 물에서 뿌리째 떠다니며 살아요. 잎은 얇고 가벼워서 물에 잘 뜨고 뿌리는 풀이 뒤집히지 않게 무게 중심을 잡아 줘요. 개구리밥, 생이가래, 부레옥잠 등이 있어요.

물수세미

침수식물은 온몸이 물에 잠겨서 자라는 식물이에요. 잎은 실처럼 가늘거나 좁은 물결 모양을 띠며 땅속에 내린 헛뿌리는 영양분을 흡수하기보다는 풀이 떠내려가지 않게 붙잡아 주는 역할을 해요. 꽃은 일반적으로 물 위에서 피우지만 물 속에서 피는 꽃도 있어요. 검정말, 나사말, 물수세미 등이 있어요.

찌릿찌릿 식물 107

46 연근에는 왜 구멍이 송송 나 있을까?

연꽃이 정말 예쁘게 피었네요.

자람이가 잘 먹는 연근이 연꽃과 관련이 있어.
반찬으로 만들어 먹는 연근이요?

아 맞다! 연근은 왜 구멍이 숭숭 뚫려 있는 거예요?
그 구멍이 공기가 통하는 통로거든.

뿌리까지 공기가 통하지 않으면 연꽃이 죽을 수도 있어.

크크, 난 또 물을 왕창 빨아들이려고 연근에 구멍이 나 있는 줄 알았어요.

참내, 이런 상상하지 마라! 기분 나쁘다!
줄줄~

구멍 숭숭 연근

오늘 급식 반찬으로 나온 연근 조림을 먹다 궁금한 게 생겼어요. 연근은 연꽃의 뿌리라고 하던데 왜 그렇게 구멍이 숭숭 뚫려 있나요?

사실 연근은 연의 뿌리가 아니라 줄기야. 연못 속에 가로로 누워 있는 연근의 마디마디에는 가는 실뿌리가 나와 있는데 이 실뿌리가 바로 진짜 연의 뿌리지.

연근, 즉 연의 줄기 속에는 구멍이 뚫린 관이 있는데 그 관이 연뿌리, 잎자루, 잎의 가장자리까지 연결되어 있어. 이 구멍은 공기가 통하는 길로 물 밑의 진흙 속에 가로 놓여 있는 연근이 공기와 접촉하기 위해 생긴 것이지. 수면 위에 떠 있는 잎에서 흡수된 공기가 연근의 구멍을 통해 연뿌리로 전달돼. 결과적으로 연근 속에 있는 13~24개의 구멍은 살기 위한 하나의 방법인 거지.

연근의 구멍은 공기가 거의 없는 곳에서는 잎에서 빨아들인 공기를 보내는 통로가 되고, 겨울철에는 썩지 않게 공기를 저장하는 저장소 역할을 해. 이 구멍은 마디의 길이대로 뻗어 있는데, 마디에 가까워질수록 구멍은 점점 가늘어지고 마디의 가운데는 나무처럼 단단해 쉽게 부러지지 않도록 되어 있단다. 또한 연의 잎자루는 평소에는 비스듬히 누워 있다가 물이 불어나면 바로 서. 이렇게 함으로써 잎이 물속에 잠기는 것을 막아 주지. 잎이 물에 잠겨서 공기를 흡수하지 못하면 연뿌리 속으로 공기가 공급되지 않아서 연 전체가 죽게 되거든.

땅위에서 자라는 일반 식물들이 잎의 뒷면에 기공이 있어서 숨을 내쉬는 것과 달리, 수중 식물들의 기공은 물에 맞닿아 있지 않은 잎의 앞면에 있단다.

47 가을이 되면 왜 나뭇잎은 울긋불긋해지는 걸까?

울긋불긋 단풍의 비밀

봄에는 새로 싹튼 잎 때문에 숲 전체가 연녹색을 띠어요. 가을에는 나뭇잎이 빨갛고 노랗게 단풍이 들어 숲이 온통 울긋불긋해지기도 해요. 계절이 바뀌는 것에 따라 숲 속에 있는 나뭇잎의 색도 변하기 때문에 숲의 색도 바뀌는 것이지요. 그러면 나뭇잎은 왜 계절이 바뀔 때마다 색이 변할까요?

연초록으로 시작한 나무는 여름의 진초록을 거쳐 가을이면 단풍이 들어요. 단풍이란 기후가 달라지면서 잎 속에서 반응이 일어나 초록색 잎이 붉은색, 노란색, 갈색으로 변하는 현상이에요. 나뭇잎에는 녹색의 **클로로필**, 빨간색의 **안토시아닌**, 그리고 노란색의 **카로티노이드**라는 물질이 들어 있어요. 잎 속에서 봄과 여름 내내 광합성을 하던 초록색의 **잎파랑이**(엽록소의 우리말)가 제 일을 다하고 나면 여러 가지 색소 물질이 모습을 드러내는 것이지요.

우선은 잎파랑이에 붙어 있던 단백질이 분해되어 아미노산이라는 물질로 변하면서 뿌리로 옮겨가 저장돼요. 아울러 함께 생성된 영양분, 당도 가을엔 뿌리로 옮겨가지요. 가을밤 기온이 떨어지면 당은 약간 끈적끈적해져 뿌리까지 못 가고 잎에 남아 붉은 색소인 안토시아닌과 노란색의 카로티노이드 등으로 변한답니다.

따뜻한 봄부터 늦은 여름까지는 녹색의 클로로필이 가장 많아서 나뭇잎을 초록색으로 물들여요. 그래서 나무가 많은 숲은 초록색을 띠는 것이랍니다.

하지만 가을이 되면 클로로필은 조금씩 힘을 잃게 되고 그동안 숨어 있었던 빨간색의 안토시아닌과 노란색의 카로티노이드가 모습을 드러내지요. 그래서 가을이면 노랗고 빨간 예쁜 단풍잎이 되는 거예요.

단풍나무, 개옻나무, 붉나무, 화살나무 등은 안토시아닌이 많아 붉은 단풍이 들고, 은행나무, 튤립나무, 칠엽수, 낙엽송, 메타세콰이어 등은 카로티노이드가 많아 노란 단풍이 들게 되는 거예요.

나무는 왜 겨울이 되면 잎을 떨어뜨릴까?

낙엽

🔍 관찰일지 ✏️

낙엽이 지는 이유

기온이 떨어지고 건조한 가을이 되면 나무는 더 이상 뿌리를 통해서 물을 빨아올릴 힘이 없다. 이처럼 물이 부족한 상황에서 살아남기 위해 하는 수 없이 광합성 활동을 멈춘다. 이에 광합성의 중요한 역할을 하는 잎은 제 역할을 잃어 나무의 입장에서는 더 이상 필요 없는 존재가 된다.

만일 겨울 동안 잎을 달고 있으면 양분을 보내 주어야 하고, 또 잎이 얼지 않도록 특별한 조치도 해 주어야 한다. 그렇기 때문에 나무는 오직 살기 위해 잎을 떨어뜨려 버리는 것이다.

광합성 임무에 충실했던 잎은 낙엽이 되어 바닥에 떨어져 뒹구는 신세가 된다. 하지만 잎이 이렇게 허망하게 떨어지는 것으로 역할이 끝나는 것은 아니다. 땅에 떨어진 낙엽은 썩어서 나무에게 영양이 가득한 비료가 되어 준다.

낙엽이 지지 않는 나무는?

은행나무나 단풍나무 같은 낙엽수는 늦가을에 잎을 떨어뜨려 벌거숭이가 된다. 하지만 참나무나 떡갈나무는 잎을 떨어뜨리지 않는다. 단지 겨울이 되면 잎이 갈색으로 변하고 영양분을 얻지 못해 바싹 마르더라도 가지에 붙어 있다가 하나씩 떨어져 나갈 뿐이다. 아마도 이들 나무들이 따뜻한 곳에서 생활해 왔기 때문에 잎을 떨어뜨릴 필요성을 못 느끼는 것이라고 추측하고 있다.

> 낙엽이 진 후의 단점이라면, 다음해 봄에 다시 일제히 잎을 새로 만들기 위해 나무에게는 막대한 에너지가 필요하다는 것이지. 나무나 사람이나 힘을 내려면 에너지가 필요한 것은 똑같아.

49 나무에 눈이 있다고?

나무의 겨울눈

 나무에 눈이 달렸다는 말을 들어본 적이 있나요?

사람의 눈처럼 무언가를 보는 눈이 아니라, 나무의 눈은 새로 막 터져 돋아나려는 싹을 말해요.

꽃이 되는 꽃눈과 잎이 되는 잎눈, 그리고 잎과 눈을 동시에 만드는 혼합눈이 있어요. 또 나무의 줄기와 잎 사이에는 겉으로 드러나지 않고 숨어 있는 숨은눈도 있어요. 건강하고 정상적인 나무의 숨은눈은 잎이나 줄기가 되지 못하고 그냥 죽어 버리지만, 자연환경의 변화가 일어나거나 나무가 스트레스를 받을 때에는 숨은눈의 활동이 왕성해져 잎이나 줄기로 변할 수 있어요.

나무는 여름부터 가을에 걸쳐 겨울을 준비하기 위한 눈을 만드는데 이것을 **겨울눈**이라고 해요.

겨울눈은 줄기의 끝, 줄기의 곁에 붙어 있으며 식물의 종류에 따라 형태가 달라요. 솜털로 덮여 있거나 진액으로 싸여 있어서 한겨울 추위에도 얼지 않고 겨울을 잘 지낼 수 있지요.

 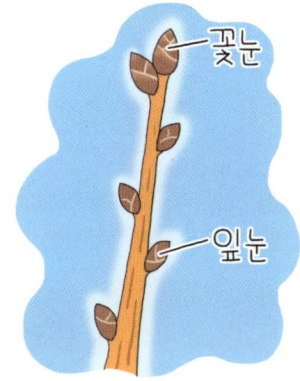

50 소나무야, 넌 어떻게 항상 푸르니?

낙엽수와 상록수

| 월 | 일 | 요일 | ☀ | ⛅ | ☁ | ☔ | 🌧 |

고모가 소나무를 가져와 크리스마스트리를 만들었다. 그런데 궁금한 게 생겼다. 보통 겨울에는 나무들이 다 잎을 떨어뜨리며 앙상한 가지만 내놓고 있는데 왜 소나무는 푸를까?

나무는 겨울이 되면 잎이 떨어지는 낙엽수와 잎이 사시사철 항상 푸르게 보이는 상록수로 나눌 수 있다고 한다.

낙엽수는 일조량이 부족해지고 기온이 떨어지는 가을이 되면 녹색을 띠는 색소인 엽록소가 파괴되어, 본래 가지고 있던 다른 색들이 나타나 단풍이 든다. 또한 영양분을 저장하기 위해 필요 없는 잎을 떨어뜨린다.

반면 상록수는 잎이 좁고 수분이 날아가는 기공의 수가 낙엽수보다 적기 때문에 쓸데없는 에너지의 낭비가 적다. 그리고 가을이 되면 몸속의 당도를 높여 몸이 얼지 않도록 한다.

하지만 이런 상록수도 잎을 떨어뜨려 잎갈이를 한다. 다만 낙엽수처럼 매년 한 번씩 하는 것이 아닐 뿐이다. 잎이 난 후 2년이 지나면 잎을 감싸고 있는 비늘이 떨어져 나간다. 게다가 한꺼번에 잎갈이를 하는 것이 아니라 조금씩 나누어 하므로 항상 푸르게 보이는 것이다.

내 나뭇잎은 가시처럼 뾰족해서 항상 푸르지.

난 겨울 동안 영양분을 간직하려면 잎을 다 떨어뜨려야 해.

51 식물도 동물처럼 겨울잠을 잘까?

식물들의 겨울잠

겨울잠을 자는 동물이 있듯이 일반 식물들도 겨울에 잠을 잔답니다.

겨울이 되면 식물은 영양분을 저장하기 위해 필요 없는 잎을 떨어뜨리고, 줄기의 수분과 영양을 뿌리로 내려보내요.

그렇다고 모든 식물들이 겨울에만 잠을 자는 것은 아니에요.

복수초와 얼레지 같은 식물은 일찍 꽃을 피우고 자라기 때문에 여름이 채 가기도 전에 잠이 들어요. 이른 봄에 피는 개나리는 잠자는 시간이 짧아서 12월쯤이 되면 잠에서 깨어나요. 그래서 한겨울에도 날씨가 따뜻하면 겨울눈이 깨어나 꽃을 피우지요. 이와 반대로 물푸레나무와 너도밤나무는 4월까지 오래오래 긴 잠을 자요. 4월 전에는 절대 깨어나지 않는답니다.

식물뿐 아니라 씨도 겨울잠을 자요.

딱딱한 껍질에 싸여 매서운 겨울을 견디다가 온도와 수분 등 여러 가지 조건들이 싹을 틔우기에 적당해지면 긴 잠에서 깨어나 싹을 틔워요.

겨울잠은 식물들이 휴식을 취하는 데 중요한 활동이에요.

인공 빛이나 이상 기후로 인해 충분한 잠을 자지 못하는 식물들은 열매를 잘 맺지 못하고 오래 살지도 못한답니다.

52 봄꽃, 가을꽃, 꽃은 왜 피는 시기가 다를까?

고모, 우리 이 꽃씨 심어요!

이건 가을에 피는 꽃이잖아. 봄이니까 봄꽃을 심어야지.

꽃도 계절을 가려서 피어요?

그럼, 당연하지!

계절에 따라 햇빛이 내리쬐는 시간이 다르거든. 꽃들이 그걸 알고 봄꽃은 봄에, 가을꽃은 가을에 핀단다.

그렇다면 저에게 다 방법이 있지요!

우람아, 그건 가을꽃이라니까.

괜찮아요. 이렇게 햇빛을 가려 주면 가을인지 알고 꽃이 필 거 아니에요.

아까운 씨앗.

계절마다 달리 피는 꽃

제가 지난 이른 봄에 학교 화단에 분명히 개나리 씨랑, 코스모스 씨를 심었거든요? 예쁜 꽃이 피라고 정성껏 물도 주고, 얼른 싹이 나라고 매일 화단 앞에서 노래도 불러 주었어요. 그 결과, 개나리는 피었는데 코스모스는 꽃은커녕 싹조차도 나올 생각을 안 하는 거예요.

봄에 피는 꽃, 가을에 피는 꽃이 따로 있다고 하던데 사실이에요?

예쁜 꽃을 사계절 내내 보고 지내면 얼마나 좋겠니? 하지만 꽃마다 피는 시기가 조금씩 다르단다. 그 이유는 햇볕이 내리쬐는 일조 시간과 온도가 다르기 때문이야.

식물이 꽃을 피우기 위해서는 **적당한 온도**도 필요하지만, 온도보다 더 중요한 것이 **일조량**이야. 햇볕을 얼마나 쬐느냐에 따라 꽃이 피는 정도의 차이가 많이 나거든. 그래서 식물을 일조 시간에 따라 크게 **장일식물**과 **단일식물**로 나눠.

하루 중 일조 시간이 많아지게 되면 잎에서 햇빛을 인식해 꽃눈을 이루는 호르몬을 만들어서 꽃을 피워.

장일식물은 꽃을 피우기 위해서 햇빛이 오랜 시간 필요한 식물이야. 그래서 일조 시간이 긴 봄이나 초여름에 꽃이 핀단다. 이 식물은 하루의 일조 시간이 일정 시간(보통 12~14시간) 이상 되지 않으면 꽃눈을 형성하지 않아. 주로 봄에 꽃을 피우는 시금치, 누에콩, 상추 등이 장일식물이야.

단일식물은 꽃을 피우기 위해서 햇볕을 쬐는 시간이 장일식물에 비해 조금 덜 필요한 식물이야. 그래서 낮의 길이가 짧은 가을에 꽃이 피지.

단일식물은 꽃 맺음을 위해 일정 시간 이상의 어둠이 필요한 식물로 낮이 짧고, 밤의 길이가 일정 시간보다 길어야 꽃을 피울 수 있어. 가을에 피는 벼, 콩, 코스모스, 국화 등이 단일식물이야.

53 쌩쌩 추워야만 살 수 있는 나무가 있다고?

고산식물, 사막식물

🔍 관찰일지

고산식물

0℃ 이하의 기후인 고산지대에도 식물들이 산다. 특히 고도가 높은 지역에서는 거센 바람의 영향으로 식물들의 키가 모두 작다. 얼어붙은 땅으로 인해 뿌리를 깊게 내릴 수가 없어서, 뿌리가 얇게 퍼지며 인접한 식물과 뿌리가 엉키기도 한다.

대표적인 고산식물로 월귤나무가 있다. 눈향나무, 들쭉나무 등과 함께 한반도에 자라는 전형적인 고산지대 나무이다. '세계에서 가장 작은 나무'라는 별명처럼 땅바닥에 바짝 엎드려 키는 20㎝를 넘지 않고 잎은 가죽처럼 두터우며 윤기가 난다.

사막식물

비가 거의 오지 않아 식물이 살기 어려운 사막에 사는 식물을 건생식물이라고 한다. 이들은 적은 양의 물을 가지고도 오랜 기간 동안 살아갈 수 있도록 적응되어 있다.

표면은 동물들에게 먹히는 것을 막고 직사광선으로부터 녹색 표면을 보호하도록 되어 있으며 내부에 물을 저장하는 조직을 갖고 있다. 강렬한 태양에 물이 증발하는 것을 막기 위해서 잎의 크기가 작거나 뾰족하다.

물이 없는 사막에서 자라는 '바오밥나무'는 오랫동안 물을 저장하기 위해서 줄기가 굉장히 굵고, 겉은 두꺼운 껍질로 싸여 있다.

저런 극한 기후에서도 식물이 살다니… 정말 생명력이 강한걸?

54 대나무가 나무가 아니라고?

자람이의 대나무 이야기

너는 잘 모르면서 우기는 버릇은 여전하더라! 대나무가 나무라고 박박 우기는 것 하고는…. 어떻게 대나무가 나무냐?

많은 사람들이 대나무의 이름만 듣고, 나무라고 알고 있지만, 대나무는 그저 키가 큰 풀이야. 나무처럼 나이테도 없고, 줄기가 두꺼워지지도 않지.

나무라면 영양분과 수분을 운반할 수 있는 통로인, 관다발을 가지고 있어야 해.

그리고 짧아도 몇 년에서 길게는 몇천 년까지 오랫동안 살아 있으며 꽃을 피우고 열매 맺는 일을 반복해야 하지. 간단히 말해서, 나무는 겨울에 땅 위의 줄기가 말라 죽지 않는 식물을 부르는 이름이야.

하지만 풀의 경우, 관다발은 있지만 형성층이 없어서 줄기가 두꺼워지지 않고 대부분 1년 정도만 살아. 하지만 땅속에 뿌리를 두고 해마다 싹이 나오는 경우도 있어. 그리고 계절 구분이 없는 열대 지방에서 자라는 풀의 경우는 꽃을 피우고 열매 맺는 기간이 한 해가 넘는 경우도 있어.

위에서 말한 나무와 풀의 조건을 견주어 보면 대나무는 나무이기도 하고 풀이기도 한 알쏭달쏭한 식물인 셈이야.

관다발이 있고 오래 사는 모습은 분명 나무와 같아. 하지만 형성층이 없는 대나무는 60년 만에 한 번 핀다는 꽃이 피고, 열매를 맺은 후에는 바로 죽어 버리는 탓에 영락없는 풀의 특성을 가지기도 해. 그래서 대나무를 나무에 가까운 풀인 식물이라고도 하지.

55 식충식물은 어떻게 벌레를 잡을까?

식충식물

대부분의 식물이 광합성 작용으로 영양분을 섭취하지만 식충식물은 특이하게도 살아가는 데 필요한 질소 성분을 얻기 위해 곤충을 잡아먹어요. 식충식물이 자라는 곳은 습지나 암벽 같은 곳이라 생물이 사는 데 필수적인 질소 등의 양분이 부족한 곳이거든요.

끈끈이주걱

난 끈적거리는 액체를 이용해서 벌레를 잡아. 털끝에서 나온 액체에 벌레의 몸이 닿으면 찰싹 달라붙어서 꼼짝 못 하지. 이때 잎을 오므려서 잡은 먹이를 소화해. 잡은 곤충의 영양분을 다 빨아먹으면 잎을 다시 열고 다른 곤충을 잡아먹어. 그래서 곤충들이 나만 보면 벌벌 떤단다.

통발

난 여러 개의 부푼 주머니 구조를 갖는 수중식물이야. 뿌리가 없고 줄기와 잎만으로 살아가지. 잎이 변해서 된 주머니는 좁쌀만 한 크기야. 물벼룩, 모기의 유충, 플랑크톤 등 작은 수중생물이 주머니 근처에 닿으면 주머니의 덮개가 잽싸게 열리면서 물과 함께 빨려 들어와. 물 위에 노란색 꽃이 펴.

파리지옥

내 잎은 둥글고 끝이 오므라들며 가장자리에 가시 같은 긴 털이 나 있어. 벌레가 털에 닿으면 톱니 모양의 잎이 굳게 닫히고, 잎의 안쪽으로 벌레를 밀어 넣어 소화를 해. 내 덫은 꼭 먹이에만 반응해. 떨어지는 가지나 물체에는 속지 않지. 하지만 한 가지 약점이 있어. 덫을 다시 열려면 대략 10시간 정도가 걸려. 왜 그러냐고? 한 번씩 먹이 사냥하는 데 힘을 많이 쓰거든.

56 곤충을 죽이고 피는 버섯이 있다고?

동충하초

| 월 | 일 | 요일 | ☀ | ⛅ | ☁ | ☂ | ❄ |

내가 제일 좋아하는 버섯이 식물이나 동물의 영양분을 빼앗아 먹으며 자란다는 놀라운 이야기를 들었다. 그중에서도 굉장히 신기한 버섯이 있다.

버섯의 일종인 동충하초는 거미, 매미, 나비, 벌 등의 곤충을 죽이며 자란다. 겨울에는 벌레 모습이지만 여름에는 풀 모양을 하기에 **동충하초(冬蟲夏草)**라고 부른다.

동충하초 균이 곤충의 몸속에 들어와 기생생활을 하며 곤충으로부터 영양분을 빨아 먹는다. 이렇게 죽어버린 곤충은 전혀 썩지 않고 모습이 그대로 보존된다고 하니, 정말이지 미라가 따로 없다는 생각이 들었다.

이처럼 남에게 피해를 입히며 자라는 데도 동충하초는 아주 귀한 질병 치료제나 건강 보조식품으로 취급되어 값이 아주 비싸다고 한다.

나 같으면 아무리 좋은 것이라도 해도 곤충을 죽이고 피는 버섯 같은 것은 절대 먹지 않을 텐데 동충하초는 없어서 못 먹는 버섯이란다.

하기야 동충하초가 많다면 그만큼 죽은 곤충도 많다는 것이니 곤충을 위해서는 차라리 귀한 게 나은 일일지도 모르겠다.

오늘의 일기 끝~

57 공기를 정화시켜 주는 식물이 있을까?

식물의 자기 방어

한 자리에 서서 움직이지 못하는 식물은 스스로를 어떻게 보호하며 살아갈까요? 식물도 스스로를 보호하고 방어하기 위해서 다양한 방법들을 사용해요.

초식 동물인 토끼가 먹지 않는 풀이 있어요. 바로 쐐기풀이에요. 쐐기풀은 온몸에 독털을 가지고 있거든요.

선인장은 동물이나 곤충에게 먹히는 것을 막기 위해 가시를 사용해요. 따가운 가시 잎을 갉아먹는 동물이나 곤충은 아마 없을 테니까요.

잔디나 벚나무도 잎의 가장자리가 칼날이나 톱니바퀴처럼 날카로워요.

옥수수와 면화는 해충이 갉아먹는 것을 알아차리면, 말벌을 불러들이는 특수한 가스를 내뿜어요. 그러면 해충들은 꼼짝없이 말벌에게 당하고 말지요.

커피는 딱정벌레가 갉아먹으려고 하면 카페인을 이용해 딱정벌레가 새끼를 낳을 수 없도록 해요.

또한 행운의 상징 클로버는 양에게 뜯어먹히지 않기 위해 식물 에스트로겐이라는 것을 가지고 있어요. 식물 에스트로겐이 양의 몸속에 들어가면 새끼를 낳을 수 없게 만들어요.

마늘을 자르거나 양파를 자를 때 매운 냄새 때문에 눈물을 흘린 적이 있을 거예요. 이처럼 냄새 자체도 식물을 보호하는 수단이에요.

말 못 하고 가만히 있는 식물이라고 해서 스스로를 지킬 줄 모르는 것은 아니랍니다. 이처럼 가냘프고 여릴 것만 같은 식물도 다양하고 많은 방법들을 이용해 스스로를 보호하고 지켜요.

자, 나도 이제부터 스스로를 지킨다! 모두들 나를 따르라!

흥! 스스로를 지키기 전에 콧물부터 좀 닦고 놀아라!

58 식물도 스트레스를 받는다고?

식물의 스트레스

🧒 사람이나 동물이 스트레스를 받는 건 알고 있었지만 식물이 스트레스를 받는다는 건 처음 들었습니다. 식물님, 정말 스트레스를 받나요?

🌳 저도 살아있는 생명이거든요! 왜 스트레스를 안 받겠어요.

🧒 그럼 어떨 때 스트레스를 받나요?

🌳 산 정상에는 언제나 바람이 세차게 불어서 줄기나 가지가 가만있지 못하고 쉴 새 없이 흔들려요. 그러니 스트레스를 받을 수밖에요. 스트레스를 팍팍 받으니까 자라는 데 필요한 호르몬을 많이 만들어 내지 못해서 키가 작아요.

🧒 아, 그래서 산 정상에는 큰 식물들이 없군요!

🌳 차로 주변에 있는 가로수도 마찬가지예요. 차들이 뿜어 대는 매연과 지저분한 공기에 스트레스 엄청 받는다고요.

　또 낯선 사람이 가위를 들고 가지치기를 한다고 자르는 시늉만 해도 얼마나 스트레스를 받는데요. 나를 아껴주는 사람이 가지나 잎을 만져도 스트레스를 받는데 낯선 사람이 내 가지를 자른다니 얼마나 두렵겠어요!

🧒 그렇군요. 사람도 스트레스를 받으면 잘 자라지 않는데 식물도 똑같군요. 여러분, 앞으로 식물을 함부로 만지거나 꺾지 마세요. 스트레스 받습니다.

　이상 식물 인터뷰였습니다.

59 갈대와 억새는 무엇이 다를까?

갈대와 억새에 대한 궁금증 세 가지

갈대와 억새는 같은 것 아닌가요?

갈대와 억새는 생김새가 매우 비슷해 사람들이 많이 헷갈려 해요. 억새와 갈대는 외떡잎식물로 벼과의 여러해살이풀이에요. 하지만 사는 곳이나 형태 등이 다르지요.

갈대와 억새를 구별하는 쉬운 방법이 있나요?

모양이 비슷한 갈대와 억새를 잘 구분하지 못할 때는 자라는 곳을 기준으로 구별하면 손쉽게 해결할 수 있어요. 갈대는 강가나 습지 등 물가에서 자라고, 억새는 그 반대로 산등성이나 언덕에서 자라요. 강가에서 자라는 물억새가 있지만, 대부분의 억새는 건조한 곳에서 잘 자란답니다. 산에서 자라는 갈대는 없으니, 등산하다가 갈대와 억새와 비슷한 풀이 있다면 분명 억새예요.

억새와 갈대의 특징은 무엇인가요?

억새의 잎 가장자리는 날카로운 톱니처럼 되어 있어요. 잎이 줄기 아래쪽에 모여 나고, 잎맥의 가운데가 하얀 점이 갈대와 달라요. 굵고 긴 뿌리가 옆으로 퍼져 있어요.

갈대는 갈색의 이삭에 줄기가 대나무 같다고 하여 이름이 갈대예요. 키가 1~2m인 억새에 비하여 좀 더 큰 2m 이상이고, 회색이나 갈색 빛깔인 이삭은 겨울 털갈이하는 들짐승의 털처럼 곱거나 가지런하지 못하고 더부룩해요. 뿌리는 굵은 뿌리에 수염뿌리가 많이 있어요. 옛날에는 갈대로 지붕도 만들고, 빗자루도 만들고, 사료로도 쓰였어요. 갈대의 땅속 어린순을 죽순처럼 먹었으며, 김을 말리는 발이나 돗자리를 만들기도 했답니다.

갈대　　　　　　　억새

음악을 들으면 춤추는 나무가 있다고?

고모, 풀이 춤을 춰요.

음악을 들려주면 소리에 반응하는 게 춤을 추는 것 같다고 해서 무초라고 해.

옛날 중국에 '두어이'라는 어여쁜 소녀가 살고 있었어. 두어이는 얼굴도 예뻤지만 춤도 기가 막히게 잘 췄어.

두어이의 소문을 들은 심술궂은 관리 하나가 두어이를 끌고 가서 매일매일 자신 앞에서 춤을 추라고 강요했어.

춤을 춰! 추라고!

나쁜 관리를 위해서 춤을 출 수는 없어. 차라리 강물에 몸을 던지겠어.

관리의 감시가 소홀한 틈을 타 두어이는 도망을 쳤고 강물에 몸을 던지고 말았어. 사람들은 그녀의 시신을 찾아 묻어 주었지.

얼마 지나 그녀의 무덤에 풀이 자라기 시작했는데 춤을 잘 추는 두어이를 닮아서 무초라고 불렀다는 전설이 있어.

자람이의 무초 이야기

　우람아, 종례 끝나고 집에 갈 때 석현이도 같이 갔잖아.

　석현이랑 너랑 얘기하는 걸 가만히 들어보니 '춤을 추는 나무가 있다 없다' 라는 얘기로 서로 싸우던데 화해는 했니?

　사실 춤추는 나무가 있다고 한 석현이 말이 맞아.

　작년에 너 빼고 고모랑 나랑 안면도 꽃박람회에 갔던 것 기억하니?

　사람들이 웅성거리며 모여 무언가를 구경하며 감탄하고 있어서 사람들 틈을 파고들어 봤더니 바로 음악에 맞춰 춤을 추는 나무가 있더라고. 그게 바로 춤추는 풀인 무초(舞草)였어. 사람들에게 알려진 지는 10년도 채 안 되는 기이식물 중 하나지.

　무초는 온실에서 2m 정도의 크기로 자라며 소리에 반응해. 노래를 들려주면 어린아이가 춤을 추듯 작은 잎이 회전하며 춤을 춰. 잎몸이 관절처럼 움직여 마치 춤을 추는 것처럼 보이지. 특히 나처럼 착한 어린이와 여성의 노랫소리에 잘 반응하고, 9월경에 나비모양의 담황색 꽃을 피운대.

　요즘에는 화분으로도 만들어 팔고 있다고 하니까 책상에 두고 심심하면 노래를 불러 춤을 추게 해 볼까?

찌릿찌릿 식물

61. 나무로 종이를 만든다고?

나무로 만드는 종이

거칠고 색깔도 갈색인 나무로 어떻게 종이를 만드는지 알려 줄게요. 그런데 혹시 나무로 종이를 만든다니까, 나무를 얇게 깎아서 종이처럼 만든다고 생각하는 건 아니지요? 나무를 얇게 베어 직접 종이를 만드는 게 아니라 종이를 만드는 원료인 펄프를 나무에서 뽑아서 종이를 만들거든요. 어디, 어떻게 종이가 만들어지는지 한번 볼까요?

① 숲에서 벤 나무의 껍질을 벗기고, 작은 조각으로 자른다.

② 이 나무 조각에 약품을 넣어 셀룰로오스 섬유를 분리해 펄프를 만든다.

③ 펄프를 물에 풀고, 세척하여 망에 뿌려 물기를 제거한 다음, 펄프를 다시 물에 희석한다.

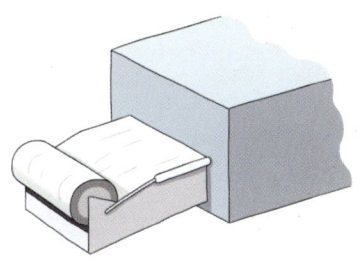

④ 초지기로 들어가면 평평하게 펼쳐지고 눌려지며 물이 빠진다.

이런 모든 과정을 거친 후, 수분이 완전히 없어지고 종이가 되어 나오면 종이 양면을 눌러 균일하고 반질반질하게 만들어요. 그러면 종이 완성!

종이를 만드는 펄프를 얻기 위해서는 자꾸 나무를 베어 내야만 하니까 우리 모두 종이를 아껴 쓰는 사람이 되기로 약속해요.

62 밤에만 피는 꽃이 있다고?

달맞이꽃에 대한 궁금증 세 가지

달맞이꽃은 정말 밤에만 피나요?

달을 맞이한다는 달맞이꽃은 밤에만 피는 꽃이에요. 해가 질 무렵 꽃이 피어서 해가 뜨면 다시 시들지요. 달맞이꽃 외에도 밤이 되어야 피어나는 꽃들이 있어요. 박꽃, 기생초, 산세비에리아 등도 모두 밤에 피는 꽃이에요.

왜 달맞이꽃은 밤에 피나요?

식물은 최대로 광합성을 할 수 있는 양이 정해져 있어요. 낮에 충분한 광합성을 한 꽃은 잎을 오므리고 호흡을 해요. 이때 광합성을 멈추는 이유는 너무 많은 양의 햇빛을 보면 꽃이 말라 죽기 때문이에요.

밤에 피는 꽃은 적은 양의 광합성으로도 충분하기 때문에 햇볕이 적은 해질녘에 피고, 해가 뜨는 아침이면 꽃이 져요. 달맞이꽃은 밤에 노란색 꽃망울을 터뜨렸다가 해가 지면 붉은색으로 변하면서 시들어요. 하지만 밤에만 볼 수 있는 것은 아니에요. 흐린 날이나 이른 아침에도 활짝 핀 달맞이꽃을 볼 수 있어요.

밤에 피는 달맞이꽃도 수정을 할 수 있나요?

밤에 핀다고 해서 수정을 할 수 없는 건 아니에요. 낮에 활동하는 곤충들이 잠들어도 밤에 활동하는 곤충들이 수정을 도와주니까요.

달맞이꽃은 주로 박각시나방이 수정을 도와요. 박각시나방은 달맞이꽃 외에도 밤에 꽃잎이 벌어지는 박꽃을 찾아가 꿀을 얻어요.

63 나무는 얼마나 살 수 있을까?

나무의 수명

🧒 고모, 도봉구 방학동에는 870살도 더 된 은행나무가 있다고 들었어요. 870살이 넘은 나무라니…. 도대체 나무는 몇 살까지 살 수 있나요?

👩 한자리에서 평생을 살아야 하는 나무는 주위 환경에 많은 영향을 받는 편이야. 그래서 이 나무가 자연적으로 죽은 것인지, 아니면 주변의 환경 때문에 병들어 죽은 것인지 확인하는 방법이 없으니 수명을 계산하기도 아주 어렵지.

나무는 종류에 따라 수명이 달라. 미국 동부에 자라는 브리슬콘 소나무는 1964년에 연구를 목적으로 베어서 확인한 나이테가 자그마치 4,844개였고 안쪽이 썩어서 확인이 어려운 나이테까지 합치면 최소 5천 년을 넘게 살아 왔을 것으로 추측하고 있어. 현재 나이가 5천 살이 넘었지만 아직도 살아 있으니 앞으로 남은 생명이 얼마인지 짐작하기가 어렵다고 해.

그럼 우리나라에서 가장 나이가 많은 나무는 무엇일까?

얼마 전까지, 신라의 마의 태자가 심었다는 1천1백 년짜리 경기도 용문사의 은행나무가 가장 나이가 많은 것으로 알려져 있었어. 그러나 2002년 강원도 정선 두위봉에서 1천4백 년째 살고 있는 주목이 발견되어 최고령 나무가 바뀌었단다.

강원도 영월의 은행나무는 1천3백 살, 삼척 도계읍의 느티나무는 1천 살, 법주사 앞의 정이품송은 6백 살에 이른다고 하니 이들 나무들의 나머지 수명은 아무도 알 수 없을 듯해. 그러나 오동나무, 사시나무, 벚나무, 낙엽송 등은 그 생명이 고작 수십 년 정도라고 알려져 있으니 나무마다 수명이 다르다는 걸 알 수 있겠지? 보편적으로 빨리 자라는 나무는 수명이 짧고 천천히 자라는 나무는 좀 긴 편이라고 생각하면 돼.

64 나무의 가지치기는 왜 할까?

가지치기

| 월 | 일 | 요일 | ☀ | ⛅ | ☁ | ☂ | ❄ |

 우람이와 함께 고모가 일하고 계신 식물연구소에 놀러 갔다.

그런데 나는 고모를 보고 깜짝 놀라고 말았다. 왜냐하면 고모가 커다란 가위를 들고 나무의 가지를 싹둑싹둑 자르고 있었기 때문이다.

"지금 나무에 무슨 짓을 하는 거예요?"

내가 도끼눈을 뜨고 고모에게 말하자 고모는 아무렇지도 않다는 듯 태연하게 말했다.

"보면 모르니? 가지치기 하고 있잖아."

"잘 자라고 있는 나무의 가지를 왜 자르냐고요!"

그 이유가 궁금해 고모에게 물어보았더니 오히려 가지치기는 나무의 건강을 지키기 위한 것이라고 했다.

세상에!

나무를 잘라내는 게 나무의 건강을 위한 것이라니 말도 안 된다!

하지만 필요 없는 잔가지를 쳐내야만 다른 나무가 자라는 데 방해되지 않고, 나무도 더 건강하게 자랄 수 있다고 하니 참 희한하다.

또 가지가 너무 많으면 잎도 많아져서 가뭄이 들거나 하면 나무가 빨리 마르기 때문에 가지치기를 해 주어야 한다. 나무를 옮겨 심기 전에 가지치기를 하면 영양분이 가지가 아닌 뿌리로 이동해서 튼튼하게 자랄 수 있다.

가지를 잘라야만 건강하게 잘 자란다고 하니 나무는 정말 알다가도 모르겠다.

65 나무가 새끼를 낳는다고?

어머나, 왜 나무를 바닷가에 심었지? 물이 많아서 뿌리가 썩지 않나?

이 나무는 물가에서 자라는 나무라 괜찮아.

물가에서 자라는 나무도 있구나. 이름이 뭐예요?

맹그로브 나무라고 해. 새끼를 낳는 나무로 더 잘 알려져 있지.

헉!

어머! 나무가 어떻게 새끼를 낳아요?

싹이 난 가지를 물가에 떨어뜨리면 가지에서 뿌리가 자라 크는 거야. 그래서 새끼를 낳는다고 해.

아기 낳느라 고생했겠다~ 이 나무, 아기 낳고 미역국은 먹었나 모르겠네요.

뭐? 미역국?

새끼를 낳는 나무

🧒 특종입니다! 특종! 식물 중에 새끼를 낳는 식물이 있다고 해서 찾아왔습니다. 바로 맹그로브 나무인데요, 맹그로브 나무와 이야기를 나눠 보도록 하겠습니다. 맹그로브 씨, 나무이면서 정말 새끼를 낳을 수 있나요?

🌳 암요, 있고말고요. 보통 식물들은 열매가 땅에 떨어져 번식을 하는 것으로 알려져 있는데요, 전 나무 위에서 씨가 싹을 틔우면 이것을 내려놓아 뿌리를 내리게 하는 방법으로 번식을 해요. 씨가 10cm쯤 자라서 싹과 뿌리가 나면 엄마 나무에서 떨어져 나온답니다. 그래서 아이를 낳는다는 뜻의 태생(胎生)식물이라고 해요.

🧒 그럼 떨어진 새끼 나무는 바닷물에서 어떻게 자라나요?

🌳 새끼 나무는 바닷물에 떨어진 다음, 그곳에서 뿌리를 내리기 시작해요. 만일 뿌리를 내리지 못하는 경우에는 파도에 실려 해변에 도착해 뿌리를 내려요. 일단 뿌리를 내린 새끼 나무들이 무리를 이루게 되면 갯벌이었던 바닥은 육지로부터 흘러내린 모래나 돌, 흙에 의해 점차 육지의 형태를 갖추게 되죠.

🧒 맹그로브 씨를 심어 땅을 넓힐 수 있다니 놀라운걸요?

🌳 인도네시아 자바 섬 동쪽의 보드리 델타에서는 바닷가에 심은 맹그로브로 인해 연간 200m씩 땅이 넓어지고 있어요. 맹그로브 숲은 '지구의 탄소 저장소'라 불릴 만큼 이산화탄소(CO_2) 흡수 능력이 뛰어나 지구 온난화를 막는 데 많은 도움이 되며, 해일 피해도 줄일 수 있다고 하니 우리 정말 기특한 나무지요?

🧒 새끼를 낳는 맹그로브 나무가 이렇게 많은 일을 하는지 처음 알았습니다. 우리 지구에 아주 많은 도움을 주는 맹그로브 나무를 더 많이 아끼고 사랑해야겠습니다.

내 새끼야, 잘 자라거라.

지구 최초의 나무는 무엇일까?

최초의 나무 와티에자

지난 2005년 가장 오래된 나무인 와티에자(Wattieza) 나무의 줄기가 화석 형태로 처음 발견되면서 지구 최초의 나무에 대해 많은 관심이 쏠렸어요.

3억 8천5백만 년 전에 최초의 숲을 형성하면서 지구를 뒤덮었던 것으로 추정되는 와티에자 나무의 높이는 8~12m 사이였을 거래요. 마치 빗자루를 거꾸로 세워 놓은 것처럼 생겼는데 가지와 잎이 나무 꼭대기에 집중되어 햇빛을 많이 받아 오래 살 수 있었을 것이라고 해요.

와티에자 나무는 현재보다 이산화탄소가 훨씬 많은 지구 환경에서 무럭무럭 성장하면서 이산화탄소를 대량으로 흡수했을 것으로 추측하고 있어요. 이렇게 와티에자 숲이 대기 중의 이산화탄소 양을 줄이는 데 많은 공을 세웠을 것이며 이 나무가 멸종된 후에 잎이 넓은 식물들이 지구에 번성했을 것으로 추측해요.

이처럼 와티에자 나무는 지구의 대기를 변화시켜 후세대 동식물의 번성을 가능하게 할 수 있었으며 공룡보다 1억 4천만 년 앞서 나타났을 것으로 보고 있어요.

67 세상에서 제일 큰 나무는 무엇일까?

세콰이어 나무

이 세상에서 제일 키가 큰 나무는 무엇일까요? 아프리카 삼나무로 알려져 있는 '세콰이어' 나무예요. 세콰이어(Sequoia)는 미국 서해안 해안산맥에 자라는 나무로 세계에서 제일 큰나무로 알려져 있어요. 캘리포니아 주 레드우드 공원의 세콰이어는 세계에서 가장 큰나무 1위부터 3위까지 있을 정도로 커다란 세콰이어가 많다고 해요. 세계에서 가장 큰 키의 나무들을 볼 수 있는 레드우드 공원은 세계유산지역이면서, 생물보호지역으로 지정된 곳이기도 해요. 세콰이어는 평균적으로 키가 80m 정도이고, 수령은 400년부터 1300년 정도예요. 지금까지 알려진 최고령의 나무는 3200년이라고 해요. 벼락에 맞아 죽지 않는 이상 늙어서 죽은 세콰이어나무는 없다고 하니 정말 오래 살지요? 세콰이어라는 나무 이름은 인디언들이 쓰는 체로키 문자를 발명한 인디언, 세콰야의 이름을 따서 지었어요.

세콰이어 나무와 비슷한 나무로는 메타세콰이어 나무가 있어요. 세콰이어 나무는 깃털모양의 잎이 어긋나기로 붙어 있고, 메타세콰이어 나무는 마주나기로 붙어 있는 것이 차이점이에요. 먼저 발견된, 잎이 어긋나기로 붙은 세콰이어와 잎이 마주나기로 붙은 세콰이어를 구별하기 위해 '나중에', '후에' 라는 뜻을 지닌 '메타' 를 붙여 메타세콰이어라고 했대요. 메타세콰이어 나무는 1945년, 중국의 양자강 유역에서 살아있는 거대한 나무들이 발견되기 전까지 지구상에서 멸종된 것으로 알려졌어요. 그러니까 메타세콰이어 나무가 발견되기 전까지는 공룡과 함께 화석으로만 남아 있는 식물로 알고 있었던 것이지요. 우리나라에는 1960년대에 이 나무가 들어오기 시작하면서 가로수로 심어졌어요. 담양 죽녹원과 남이섬에 가면 아름답고 시원한 메타세콰이어 나무들이 가로수로 즐비하게 늘어서서 아름다운 길을 만들고 있답니다.

세계에서 가장 큰 숲, 아마존

브라질을 비롯해서 9개 나라에 걸쳐져 있는 아마존 강의 숲은 우리나라 숲 면적의 94배나 넓대요. 그 넓이가 약 600만㎢에 이른다고 하니 대단하지요?

또한 그 숲에는 약 24만 종의 생물이 살고 있는데 이는 지구상에 사는 동식물의 30~40%가 아마존 숲에 살고 있다고 보면 되지요.

아마존 숲을 흔히 '지구의 허파'라고 해요.

아마존에서 사는 식물들이 내뿜는 산소의 양이 엄청나게 많아서 지구의 모든 사람들이 숨 쉬고 살아갈 수 있도록 해 준다고 해도 맞을 정도지요.

학자들은 사람들이 필요로 하는 산소량의 1/3 가까이를 아마존 숲에서 공급해 준다고 말해요. 만약 아마존 숲의 나무를 한꺼번에 모두 베어 낸다면 인류는 숨 쉬기가 어려워 금방이라도 숨을 헐떡이게 될지도 몰라요.

그러니 아마존을 지키고 보존해야 하는 것이 바로 우리 모두의 일이라는 것 잊지 말아야겠지요?

69 나무를 많이 심어야 하는 이유는 뭘까?

지구를 지키는 나무

전 세계 산업이 발전함에 따라 지구 온난화의 원인으로 꼽히는 자동차 배기가스가 많이 방출되고 있어요. 게다가 에어컨 사용은 물론, 쓰레기도 많이 버리는 탓에 온난화 진행이 빠르게 이뤄지고 있지요.

지금과 같은 속도로 사람들이 계속해서 온실가스를 내뿜으면 2080년쯤, 지구의 평균 기온이 3.5℃ 이상 올라가 지구상에 살고 있는 주요 생물 대부분이 사라질 거라고 해요. 설마 기온이 3.5℃ 올라갔다고 생물들이 죽겠냐고요?

지구의 기온이 1℃ 오르면, 비의 양이 모자라 가뭄이 이어지고, 가뭄으로 곡식이 자라지 못해 식료품 가격이 올라가게 돼요. 또 킬리만자로와 알프스 같은 높은 산의 눈이나 얼음이 녹아 산사태가 일어날 수도 있고요.

기온이 2℃ 올라가면 큰 가뭄과 홍수가 자주 생기고, 이 때문에 식물이나 곡식이 잘 자라지 못해 전 세계 많은 사람들이 먹을 식량이 부족하게 될 거예요.

기온이 3℃ 오르면 아마존의 우림지대가 사라지고, 사막이 나타나기 시작한대요. 뜨거운 기온은 숲의 수분을 마르게 하여 산불을 발생시켜 많은 이산화탄소를 내뿜게 되고 또 다시 지구의 온난화가 빠르게 진행되겠지요. 그러니 기온이 오를수록 지구는 생물들이 살기 힘든 곳이 되고 결국 사람도 살 수 없게 될지도 몰라요.

그렇다면 이런 심각한 상황을 막기 위해서는 어떻게 해야 할까요?

바로 나무를 심는 거예요! 나무를 심어야만 땅에는 식물이 자라고, 빗물을 저장하는 힘도 생겨요. 홍수가 나도 나무가 막아 주어 인간이 비옥한 땅에서 농사를 지을 수 있도록 도와준답니다. 또 나무가 숲을 이루면 온도, 햇빛, 습도, 비, 바람 등이 적절히 조절되어 생물이 살기 좋아진답니다.

> 난 나무를 사랑해~
> 지구를 위해서 나무를
> 많이 심어 줘.

70 식물이 없다면 인간이 살 수 있을까?

자람이의 식물과 인간 이야기

우람아, 아까는 무작정 버럭 화를 미안해.

네가 나뭇가지를 함부로 꺾고 아무렇지 않게 과자를 맛있게 먹고 있는 모습을 보니까 나도 모르게 화가 났지 뭐야. 아무리 말 못 하고 움직이지 못하는 나무지만 재미 삼아 가지를 꺾고 나뭇잎을 따 버리는 것은 나쁜 행동이라고 생각해.

넌 나한테 "이까짓 나무 좀 가지고 놀았다고 하나뿐인 동생한테 화를 내냐?"라고 했지만, 절대! 결단코! 이까짓 나무가 아니야.

너도 식물이 햇빛을 받아 광합성을 한다는 건 잘 알고 있을 거야. 광합성으로 식물이 산소를 내뿜는다는 것도 잘 알고 있지? 그럼 식물이 내쉰 산소가 모든 동물들이 살아가는 데 반드시 필요한 것이라는 것도 알겠네.

산소로 숨을 쉬는 동물은 이산화탄소를 내뿜고 이 이산화탄소는 식물이 광합성을 하는 데 필요하니 모든 생물은 돌고 도는 관계에 있어. 식물이 없으면 동물도 살아가기 힘든, 서로 돕고 돕는 관계라는 거지. 우리 사람도 마찬가지야.

우리가 호흡하는 공기도 식물에서 얻는 것이고, 식물이 없다면 이 지구에 산소가 있을 수 없고, 산소가 없다면 우리 인간도 생겨날 수 없었겠지. 식물은 이 지구상 모든 산소의 밑바탕이기 때문에 식물이 없다면 동물은 물론, 사람도 살아갈 수 없는 거야.

그러니 우리 생활에서 흔히 볼 수 있다고 해도 나무, 즉 식물은 우리 생활에 꼭 필요한 존재라는 걸 잊지 말았으면 해. 앞으로 나무를 소중히 아끼고 식물 보호에 앞장서서 우리 주변에 있는 식물들을 보호하고 잘 가꾸자. 이것이 지구를 살리는 길임은 물론, 이 지구상에서 우리 사람들이 오래오래 사는 길이라는 걸 기억해.